Sumário

••• ✳✴✳✴✳ •••

Previsões Astrológicas por Signo em 2024	2
Descubra o seu Ascendente	55
Guia Astral para 2024	58
Horóscopo Chinês 2024	98
Tendências Astrológicas para o Brasil em 2024	109
Saturno, Regente de 2024	114
Entrada do Sol nos Signos para 2024	125
Tábua Solar para 2024	126
Tábua do Nascimento e Ocaso do Sol (hora legal de Brasília)	127
Tudo o Que Você Precisa Saber sobre a Lua em 2024	128
As Lunações e os Trânsitos Planetários para 2024	131
Tábua Lunar em 2024	143
Tabela das Luas Fora de Curso	147
Regências Planetárias	154
Tábua Planetária 2024	156
Horário da Semana de acordo com a Regência Planetária	161
Horas Planetárias	162
Previsões sobre Amor, Dinheiro e Saúde para os Signos em 2024	167
Previsões para 2024 segundo a Numerologia	179
Fenômenos Naturais 2024	182
Calendário Permanente (1901 – 2092)	184

Previsões Astrológicas por Signo em 2024

Até a edição de 2015, optamos por usar o cálculo das lunações, que é feito no dia da Lua Nova, quando o Sol e a Lua se encontram no mesmo grau de um mesmo signo. A lunação permite uma visão mais geral do mês, que é justamente um ciclo mensal inteiro da relação entre o Sol e a Lua. A partir de 2016, optamos por fazer as previsões mensais divididas em ciclos de dez em dez dias, o que também permite uma orientação mais detalhada.

Em trinta dias há toda uma movimentação planetária, em especial dos planetas mais rápidos, que será levada em conta para facilitar a compreensão do leitor. Em resumo, as duas técnicas de interpretação, trânsitos e lunações, estão sendo analisadas em paralelo, mas a forma de apresentação ficará diferente. Vale salientar que essas previsões são de caráter genérico e que informações de âmbito individual exigem a elaboração de um horóscopo personalizado.

Esse fato faz com que as interpretações aqui expostas e as do *Guia Astral* por vezes pareçam contraditórias entre si; no entanto, elas são complementares.

ÁRIES

21 de março – 20 de abril

EU QUERO
ELEMENTO: Fogo
PEDRAS DE PROTEÇÃO: Cornalina e ágata de fogo
PLANETA REGENTE: Marte
QUALIDADE: Cardinal

De 1º a 10 de janeiro: Neste ciclo será importante não exagerar na expressão de sentimentos negativos em sua relação amorosa. É hora de ter mais discernimento e não acreditar nas próprias fantasias, que não correspondem à realidade dos fatos.

De 11 a 20 de janeiro: Sol e Urano estão favorecendo muito as atividades profissionais; é tempo de inovar, ser criativo e apostar mais na tecnologia para alcançar seus objetivos. Bom para viagens a longa distância e reencontrar velhos amigos.

De 21 a 31 de janeiro: Vênus agora faz bons aspectos com Saturno e Júpiter, o que representa um período mais feliz e prazeroso tanto na vida amorosa quanto na vida social e cultural. Aproveite para sair, se divertir e desfrutar de boas companhias.

De 1º a 10 de fevereiro: Vênus em trígono com Urano continua estimulando sua vida social; novas amizades podem surgir e, com elas, mais trocas de ideias interessantes. Plutão e Mercúrio juntos favorecem sua capacidade de se comunicar de forma assertiva e fluente.

De 11 a 20 de fevereiro: Neste ciclo pode ser que você encontre dificuldades para se fazer compreender em suas opiniões e valores pessoais. Mercúrio em Aquário, em ângulo de tensão com Júpiter, vai exigir mais flexibilidade e menos resistência na convivência, além do diálogo com familiares.

De 21 a 29 de fevereiro: Mercúrio, Sol e Saturno agora se encontram no signo de Peixes e possibilitam um momento oportuno para investir em seu auto- conhecimento. Aproveite para estar em companhia de pessoas mais maduras, cuja sabedoria lhe trará inspiração.

De 1º a 10 de março: Marte e Vênus estão em quadratura com Urano em Touro. Certamente você precisará exercitar a diplomacia e a sutileza para contornar prováveis conflitos em sua relação amorosa. É aconselhável ceder e deixar de lado exigências descabidas.

De 11 a 20 de março: Mercúrio entra em Áries e faz um bom ângulo com Plutão, que está no início do signo de Aquário. Excelente ciclo para trocas de ideias, viagens rápidas, oportunidades de bons negócios, assim como investir em cursos que ampliem seu repertório intelectual.

De 21 a 31 de março: Continue firme em seus projetos de estudo; o conhecimento adquirido agora trará bons frutos para sua carreira. Coloque em perspectiva seus ideais e não desista deles, ainda que fique um pouco desanimado com algumas adversidades.

De 1º a 10 de abril: Marte e Saturno se encontram no signo de Peixes, e Mercúrio inicia seu movimento retrógrado, que vai durar 23 dias. É possível que se sinta cansado e com pouca energia vital; sendo assim, é importante cuidar da saúde, alimentando-se melhor e não fazendo muito esforço físico.

De 11 a 20 de abril: Sol e Mercúrio estão em Áries e agora você tem mais disposição física e mental para tocar seus planos adiante, lembrando que não precisa ter pressa com os resultados, pois é época de semeadura. Júpiter e Urano juntos expandem sua criatividade e intuição; acredite nelas!

De 21 a 30 de abril: Sol, Vênus, Urano e Júpiter estão movimentando positivamente na sua casa de finanças. Acredite em seu poder pessoal e permita-se ser mais arrojado e corajoso no trabalho, fazendo propostas novas ou diferenciadas para os colegas.

De 1º a 10 de maio: Sol e Saturno em harmonia agem de forma benéfica em seus empreendimentos ou atividades profissionais. As experiências do passado indicam mais segurança para agir no agora, e você assume responsabilidades sabendo que vai levá-las até o fim.

De 11 a 20 de maio: Urano é o planeta associado a recursos tecnológicos e eletrônicos, ao mundo digital. Urano, Sol e Vênus em conjunção no signo de Touro, e na sua segunda casa, indicam o bom proveito desses recursos, e o retorno deve vir rápido, impulsionando seus interesses materiais com mais rapidez.

De 21 a 31 de maio: A entrada do Sol e de Júpiter no signo de Gêmeos traz mais movimentação em sua vida intelectual, motivação para sair, viajar, aprender, comprar e vender, conhecer pessoas interessantes e inovadoras. Use e abuse da criatividade.

De 1º a 10 de junho: O trígono entre Júpiter e Plutão no céu assinala um ciclo auspicioso no âmbito das relações em geral. Estão favorecidos os contatos com pessoas interessantes, com as quais você poderá fazer planos e projetos para o futuro, colocando assim seus ideais em perspectiva.

De 11 a 20 de junho: É provável que o ritmo intenso de vida se retraia um pouco agora, pois podem surgir empecilhos que frustrarão as motivações do ciclo anterior. Não esmoreça, pois tudo é circunstancial e será superado com sua fé e resiliência.

De 21 a 30 de junho: Neste período, o planeta Mercúrio recebe vários aspectos e, assim, o ritmo de suas atividades poderá ser retomado. Marte, o planeta regente do seu signo solar, também está ativado, aumentando a vitalidade, coragem e determinação para realizar seus sonhos.

De 1º a 10 de julho: Mercúrio e Júpiter em ângulo favorável devem ampliar as oportunidades de bons negócios de curto prazo por e-commerce e também para viagens rápidas. Neste ciclo, você terá muita alegria ao reencontrar amigos ou familiares que não vê há tempos.

De 11 a 20 de julho: Assuntos relativos a bens imóveis podem ser viabilizados ou finalizados com êxito; fique atento. Período favorável para investimentos de curto prazo; ótimo para pesquisar, aprender uma nova língua, fazer turismo em lugares que ainda não conhece.

De 21 a 31 de julho: Vênus e Júpiter sinalizam um período mais harmonioso na vida sentimental; interesses e desejos semelhantes convergem, criando cumplicidade na vida a dois. Ciclo propício para comprar aparelhos eletrônicos para sua moradia.

De 1º a 10 de agosto: Mercúrio e Vênus juntos em Virgem tornam este período benéfico para organizar e planejar melhor suas tarefas de trabalho. Sua eficiência e inteligência terão o devido reconhecimento. Bom momento para pedir um aumento em seus rendimentos.

De 11 a 20 de agosto: Saturno em Peixes recebe aspectos tensos de Júpiter e Marte em Gêmeos, e isso pode desacelerar o ritmo de suas atividades cotidianas. Não se preocupe, pois tudo é passageiro; no entanto, você pode exercitar sua paciência para superar essas adversidades.

De 21 a 31 de agosto: Os bons aspectos que Vênus recebe de Urano e Plutão neste período vão favorecer acordos baseados em estratégia, cooperação e diplomacia. Essas decisões colocam em ação seu talento para solucionar problemas do ciclo anterior.

De 1º a 10 de setembro: Este período exigirá de você mais atenção à saúde. O excesso de trabalho e outras preocupações podem causar uma baixa em seu sistema imunológico. Procure um tratamento e ajuda adequada, evitando todo tipo de automedicação.

De 11 a 20 de setembro: É possível que você ainda precise de mais descanso e, se for esse o caso, desacelere o ritmo diário. Sol e Urano em trígono podem indicar que as novas atitudes em relação a seu bem-estar, como boa alimentação e mais exercícios, trarão mais produtividade a seu cotidiano.

De 21 a 30 de setembro: Plutão em Capricórnio e Sol em Virgem formam um trígono neste momento, e essa configuração representa uma fase de poder pessoal. Você está seguro e confiante, podendo fazer sugestões e reformular algumas normas ou protocolos no ambiente de trabalho.

De 1º a 10 de outubro: Sol e Mercúrio em Libra deixam este período mais auspicioso para a vida social; bom para iniciar parcerias que possam impulsionar seus negócios ou oxigenar sua mente para novos desafios. O aspecto favorável entre Mercúrio e Júpiter em Gêmeos corrobora essa tendência astrológica.

De 11 a 20 de outubro: Desfrute dos bons aspectos entre Vênus, Netuno e Plutão para apostar ou acreditar mais no amor, e lembre-se de que uma boa dose de romantismo sempre faz bem. Mostre seus sentimentos, faça mais elogios à pessoa amada e não se esqueça de que príncipes e princesas só existem em contos de fadas.

De 21 a 31 de outubro: Este período é favorável para bons negócios no setor imobiliário. Suas decisões tendem a ser acertadas, por isso é importante seguir sua intuição. Bom também para deixar sua moradia mais aconchegante ou bonita.

De 1º a 10 de novembro: Neste ciclo é aconselhável não confrontar seus opositores, mesmo que tenha motivos para isso. O momento pede traquejo diplomático, boa vontade e cooperação. Em períodos como este, nada como a maturidade e a sabedoria da inteligência emocional.

De 11 a 20 de novembro: As divergências de opiniões ainda continuam fortes, assim como a ansiedade em querer resolver tudo rapidamente. As práticas espirituais podem fazer a diferença neste ciclo, pois a aceitação daquilo que ainda não comporta ser transformado faz parte do tipo de reflexão que o período exige.

De 21 a 30 de novembro: Neste momento, o Sol fará sextil com Plutão e trígono com Marte em Leão, e essa energia planetária favorece ações assertivas e certeza nas escolhas. Viagens longas e contato com outras culturas vão ampliar sua visão de mundo.

De 1º a 10 de dezembro: O período é marcado por posições astrológicas ambivalentes. Saturno em Peixes sob pressão sinaliza um ciclo de mais responsabilidades cujos resultados não virão de imediato. Porém, sua habitual confiança e fé na vida vão acabar atraindo as soluções para este momento.

De 11 a 20 de dezembro: Sua vida amorosa pode trazer alguns dissabores relativos a expectativas frustradas. Saiba esperar a hora certa para iniciar um diálogo, sem exagero em exigências inadequadas que possam comprometer continuidade da relação.

De 21 a 31 de dezembro: Neste final de ano, teremos um ciclo de tensão entre Júpiter em Gêmeos e Saturno em Peixes, dois signos mutáveis. Momento de perseverar perante os desafios e ao mesmo tempo exigir menos dos outros. Busque se adaptar ao inesperado com mais leveza e desapego.

TOURO — 21 de abril – 20 de maio
EU TENHO
ELEMENTO: Terra
PLANETA REGENTE: Vênus
QUALIDADE: Fixo
PEDRAS DE PROTEÇÃO: Turmalina verde e aventurina

De 1º a 10 de janeiro: Nesta fase é aconselhável não se deixar levar por negatividades e fantasias sem fundamento, que só vão causar confusão em sua vida amorosa. Esteja receptivo a diálogos sinceros, pois é desta forma que os mal-entendidos serão superados.

De 11 a 20 de janeiro: Netuno faz sextil com o Sol e, neste início de ano, você poderá desfrutar dos benefícios da natureza, praticar mais exercícios, respirar melhor ou fazer caminhadas. Esse aspecto favorece também um detox do organismo à base de bastante líquido e chás depurativos.

De 21 a 31 de janeiro: Sol e Plutão em conjunção com Aquário dinamizam suas atividades profissionais de maneira inusitada. Não desperdice seu tempo querendo manter aquilo que já é conhecido; invista em novidades tecnológicas, estudos e novas amizades.

De 1º a 10 de fevereiro: Vênus, o planeta regente de seu signo solar, faz um ângulo favorável com Urano em Touro. Agora você se encontra mais motivado para novos relacionamentos. Bom também para cuidar da saúde e do bem-estar, sentir-se mais belo e atraente!

De 11 a 20 de fevereiro: Júpiter e Mercúrio em ângulo de tensão sinalizam um ciclo de alerta para gastos supérfluos ou exagerados. Tenha cuidado com as palavras, evitando provocações para depois não ter de ouvir o que não deseja. Fuja de doces e carboidratos.

De 21 a 29 de fevereiro: No final deste período, Sol, Mercúrio e Saturno se encontram no signo aquático de Peixes, fazendo bom aspecto com Júpiter em Touro. Agora será possível planejar sua vida financeira, fazer investimentos viáveis e mais seguros. Bom para viagens de lazer.

De 1º a 10 de março: Um *stellium* no signo de Peixes está intensificando sua vida social; as amizades se tornarão mais sólidas e gratificantes nesta fase. Momento oportuno para atividades humanitárias e filantrópicas que lhe tragam satisfação.

De 11 a 20 de março: Mercúrio e Plutão vão estimular seu intelecto e a vontade de aprofundar assuntos de seu interesse. Invista em cursos, livros e palestras interessantes. Fique mais atento aos aparelhos eletrônicos; faça cópias de documentos caso haja algum imprevisto.

De 21 a 31 de março: Júpiter em Touro recebe um sextil de Vênus em Peixes, e isso representa um momento de mais alegria, positividade e confiança em seus empreendimentos, mesmo que estejam ainda no começo. Excelente fase para sair, namorar, passear e dançar ao som de boa música!

De 1º a 10 de abril: Mercúrio inicia seu movimento retrógrado e Marte faz conjunção com Saturno, deixando o ritmo de suas atividades ou o planejamento delas mais lento. Procure redefinir e aperfeiçoar suas estratégias de ação. Use o tempo livre para lazer e entretenimento.

De 11 a 20 de abril: Mercúrio, Sol e Vênus na sua décima segunda casa devem deixá-lo motivado a conhecer ou exercitar práticas meditativas ou espirituais que o harmonizem, desacelerando sua pressa e amenizando a ansiedade. Os momentos de silêncio sempre são ricos quando aproveitados com sabedoria.

De 21 a 30 de abril: A conjunção de Júpiter e Urano em Touro impulsiona seu signo solar para novidades. Bom para deixar hábitos e rotinas para trás, vale dizer, sair do piloto automático. Não hesite em fazer inovações também nos estudos, acreditando mais em sua intuição.

De 1º a 10 de maio: As configurações planetárias positivas deste ciclo são: Sol em sextil com Saturno e Marte em sextil com Plutão. Ambas apontam para maior capacidade de empreender com segurança e sabedoria, com mais certeza de onde se quer chegar. Vá em frente!

De 11 a 20 de maio: Este momento é pautado por fortes desejos de mudança e mesmo rupturas com antigos padrões de valores ou hábitos muito arraigados. No entanto, o sextil entre Vênus e Saturno mostra que você poderá fazer esse movimento com equilíbrio e ponderação.

De 21 a 31 de maio: Momento oportuno para apostar em parcerias criativas que deem suporte para suas realizações. Plutão e Sol em bom aspecto favorecem investimentos de risco, comprar e vender, desde que você atue com a intuição, que deve estar mais aguçada.

De 1º a 10 de junho: Este mês tem início com uma conjunção exata de Sol e Vênus em Gêmeos, com duração de dez dias. Aproveite bem este ciclo auspicioso para investir em suas relações sociais e amorosas, cultivando a alegria de viver e a sua criatividade.

De 11 a 20 de junho: Vênus e Saturno em quadratura exigem de sua parte mais introspecção, que pode ser consequência de alguma experiência frustrante na vida sentimental. Não procure por culpados e siga observando seus sentimentos ou crenças inadequadas.

De 21 a 30 de junho: O setor de aprendizados e comunicação está ativado pela conjunção de Júpiter e Mercúrio em Gêmeos. Ótimo momento para escrever, estudar, pesquisar, participar de palestras ou seminários ou fazer viagens rápidas e interagir com irmãos ou vizinhos.

De 1º a 10 de julho: Esta fase se inicia com uma oposição entre Mercúrio em Leão e Plutão em Aquário, configuração que dificulta a comunicação e a interação social. É preciso evitar o dogmatismo e a intransigência. Logo depois, tendo Júpiter e Mercúrio em harmonia, esses atritos serão dissolvidos com a presença de seu discernimento e bom senso.

De 11 a 20 de julho: Marte e Urano juntos no céu podem gerar um senso de urgência e ansiedade em suas ações, levando a atritos desnecessários a sua volta. Pessoas de mais idade e experiência poderão orientá-lo para que encaminhe seus planos com mais sabedoria e tranquilidade.

De 21 a 31 de julho: Com Sol e Vênus em Leão, esta é uma boa oportunidade para cuidar da sua moradia, deixando-a mais bonita e aconchegante. O convívio com familiares tende a ser alegre, elevando sua autoestima e confiança para lidar com as atribuições do dia a dia.

De 1º a 10 de agosto: Investimentos imobiliários podem ter êxito nestes dias, assim como assuntos de natureza jurídica, caso seja necessário. Seu otimismo vai influenciar pessoas mais próximas. Ótimo momento para receber familiares e amigos em sua casa.

De 11 a 20 de agosto: O planeta Saturno agora recebe aspectos difíceis, e isso vai demandar mais resiliência diante de atrasos naquilo que estava planejado. Pode haver preocupação com pessoas de mais idade, que agora necessitam de seu apoio e atenção.

De 21 a 31 de agosto: Sol em quadratura com Urano no céu indicam possíveis imprevistos em seu cotidiano, e caberá a você contornar isso com paciência. Vênus, que está em Libra, faz trígono com Plutão e favorecendo novidades na vida amorosa; não fique muito em casa!

De 1º a 10 de setembro: Neste ciclo, mais uma vez sua tolerância será colocada à prova. É possível que não consiga finalizar seus estudos ou trabalho como gostaria. Não se culpe por nada e evite a autocrítica ou o pessimismo exagerado; existem dias ensolarados e dias de chuva.

De 11 a 20 de setembro: Sol e Urano agora mostram energias de renovação e superação. Sua mente já é capaz de direcionar escolhas acertadas, que trarão bons resultados. Evite gastos desnecessários que possam desorganizar o orçamento.

De 21 a 30 de setembro: Plutão e Sol fazem um trígono em signos de Terra, criando condições favoráveis para a transformação que pretende acionar em seu trabalho. Positivo também para contatos com o estrangeiro, viajar ou então recepcionar pessoas de fora do país.

De 1º a 10 de outubro: Sol e Mercúrio em Libra na sua sexta casa pedem mais equilíbrio e bom senso com os cuidados relacionados a sua saúde. Deixe a preguiça de lado e volte para suas caminhadas ou exercícios, lembrando-se de não procrastinar seus exames anuais.

De 11 a 20 de outubro: Vênus em bom aspecto com Netuno e Plutão está favorecendo sua vida espiritual e assuntos místicos ou esotéricos em geral. Crie mais espaço em seu cotidiano para relaxar, meditar, ler bons livros de autoconhecimento e tudo o mais que trouxer leveza e paz ao seu coração.

De 21 a 31 de outubro: Marte faz trígono com Netuno e sextil com Urano nesta fase, e você fica bem mais fortalecido mentalmente, podendo direcionar sua vontade para alvos mais definidos e estratégicos de seus interesses. Conhecer seus talentos é fundamental nesse sentido.

De 1º a 10 de novembro: Plutão e Marte fazem oposição neste momento, dando-lhe a sensação de impotência perante certas adversidades que não dependem de sua vontade. No entanto, o trígono entre Saturno e Sol é um antídoto astrológico, favorecendo a resiliência para que não desista de seus projetos.

De 11 a 20 de novembro: Os imprevistos do dia a dia ainda podem desanimá-lo; por conta disso, faça ou resolva só aquilo de que for capaz. O tempo vai se encarregar de direcionar os eventos de forma mais adequada; é preciso confiar na sua fé e no poder dos pensamentos.

De 21 a 30 de novembro: Saturno em Peixes e Vênus em Capricórnio estão em harmonia e assim permitem que você possa consolidar suas metas de longo prazo, encontrando para isso o apoio afetivo daqueles que o admiram. Seguir em frente é sempre a melhor opção dos vencedores.

De 1º a 10 de dezembro: Sol e Mercúrio, agora em Sagitário, devem voltar a atenção para práticas espirituais que acabarão por inspirar ações mais confiantes de sua parte. Olhe para os lados, valorizando sua caminhada e tudo o que já conseguiu até aqui. Sua gratidão vai atrair o melhor para sua vida.

De 11 a 20 de dezembro: Marte em oposição a Vênus pode trazer dificuldades no setor afetivo ou familiar, e esse conflito vai acabar se refletindo na esfera profissional. Tenha cautela em não tomar decisões definitivas, pois essa chuva com ventos e trovoadas é passageira.

De 21 a 31 de dezembro: Júpiter está em angulo tenso com Saturno neste final de ano. É provável que você esteja preocupado demais para programar seu final de ano. O melhor é não criar grandes expectativas, procurando se adaptar ao que for possível. Mesmo assim, celebre suas conquistas!

GÊMEOS 21 de maio – 20 de junho
EU QUESTIONO PLANETA REGENTE: Mercúrio
ELEMENTO: Ar QUALIDADE: Mutável
PEDRAS DE PROTEÇÃO: Ágata e sodalita

De 1º a 10 de janeiro: Neste período temos um aspecto tenso entre Mercúrio e Netuno em que é aconselhável evitar todo tipo de excesso, especialmente com comidas e bebidas. Seu organismo está mais suscetível a intoxicações e necessitando descanso e de mais horas de sono.

De 11 a 20 de janeiro: O ano vai iniciando com o Sol em trígono com Urano, e isso mostra um ciclo de mais vitalidade e disposição para você abraçar novidades e ter boas surpresas. Momento interessante para contatos com o estrangeiro, expandindo assim seus horizontes sociais e intelectuais.

De 21 a 31 de janeiro: Neste período Vênus está em Capricórnio e fazendo bons aspectos com Júpiter em Touro e Saturno em Peixes. Aproveite para desfrutar de bons momentos com pessoas queridas, familiares ou amigos. Suas relações estão mais sólidas e a autoestima está em alta!

De 1º a 10 de fevereiro: O planeta Mercúrio está em Capricórnio, em conjunção com Plutão e em sextil com Netuno, movimentando assim de forma positiva seus contatos e ideais, e promovendo encontros, eventos etc. Preste atenção aos seus sonhos e na sua intuição.

De 11 a 20 de fevereiro: Marte e Vênus estão entrando em Aquário e fazem conjunção com Plutão nesse mesmo signo. É uma posição astral que pode fazer transbordar suas emoções ou sentimentos ainda inconscientes. Júpiter e Saturno estão em sextil no céu, propiciando perseverança e êxito na vida profissional.

De 21 a 29 de fevereiro: Mercúrio, Saturno e Sol encontram-se juntos no signo de Peixes, ocupando sua décima casa. Você pode fazer planos para o trabalho no longo prazo, e os resultados virão na hora certa. Esteja receptivo às boas orientações de pessoas mais experientes.

De 1º a 10 de março: Júpiter em sextil com o Sol poderá expandir seus planos por intermédio de boas parcerias e estratégias compartilhadas. Mercúrio está junto a Netuno, abrindo seu espírito para o contato com o mundo invisível, e fortalecendo sua fé e convicções espirituais.

De 11 a 20 de março: Sol e Netuno em Peixes mostram que os temas místicos ou esotéricos podem preencher algumas lacunas que só a razão e o pragmatismo não conseguiriam. Os estudos nessa área podem ser transformadores em relação a sua visão de mundo e a gestos mais altruístas com todos.

De 21 a 31 de março: Vênus faz conjunção com Saturno e sextil com Júpiter, indicando um período de mais segurança e maturidade na vida amorosa, com sabedoria para contornar as sutilezas inerentes à vida a dois. Você poderá reencontrar amigos do passado.

De 1º a 10 de abril: Um *stellium* em Peixes na décima casa vai impulsionar suas metas de trabalho. Bom para buscar inspirações diferentes, imaginar, sonhar e visualizar aquilo que deseja em sua vida. Não se esqueça de que tudo o que existe foi um dia imaginado!

De 11 a 20 de abril: Sol, Mercúrio e Vênus em Áries transitam na sua Casa XI, voltada a projetos e planos para o futuro. Novos amigos podem surgir, propiciando bons encontros e o compartilhamento de ideias voltadas para o seu futuro; siga em frente!

De 21 a 30 de abril: Urano e Júpiter juntos em Touro ampliam e reforçam seu desejo de autonomia e liberdade, tirando o peso da rotina nem sempre tão interessante. Mercúrio voltando ao movimento direto vai facilitar seus negócios, novos contatos e retomar reuniões que estejam pendentes.

De 1º a 10 de maio: Sol em sextil com Saturno e Marte em sextil com Plutão são dois aspectos que mostram que é hora de seguir em frente, sem procrastinar, mirando sempre no amanhã. Você pode assumir responsabilidades maiores e levá-las até o fim com êxito.

De 11 a 20 de maio: Vênus e Urano em conjunção mostram que você não deve hesitar em fazer investimentos em recursos tecnológicos ou digitais para melhorar sua performance no trabalho. O importante é manter a mente aberta para as novidades que já chegaram, facilitando assim seu cotidiano.

De 21 a 31 de maio: Júpiter em sextil com Netuno permite-lhe ver com distanciamento e clareza aquilo que está a sua volta. Sua presença de espírito o dotará de lucidez para avaliar o que pode ou não ser modificado. Excelente fase para desintoxicações com líquidos e frutas da estação.

De 1º a 10 de junho: Neste ciclo auspicioso, Vênus e Sol estarão em Gêmeos todos os dias. Você deve se sentir mais leve e feliz, e seu poder de atração e simpatia estarão mais fortes. Bom para passear, namorar, assumir um relacionamento importante ou se apaixonar! Presenteie-se!

De 11 a 20 de junho: Não subestime a energia daqueles que admiram seu talento, pois os invejosos realmente existem, não permitindo que eles afetem a sua autoestima. Continue firme naquilo que planejou, pois seu caminho é só seu e de mais ninguém.

De 21 a 30 de junho: Mercúrio faz bons aspectos com Urano e Saturno, indicando a possibilidade de consolidar de forma madura e criativa seus projetos de longo prazo. E os astros lhe dizem: estude, pesquise e se dedique aos seus ideais; a qualidade dos fortes é a perseverança.

De 1º a 10 de julho: Todo cuidado é pouco com palavras duras ou ríspidas: quem fala o que quer, ouve aquilo que não quer. O caminho da diplomacia sempre dá bons resultados, sobretudo se deseja preservar os relacionamentos realmente importantes de sua vida.

De 11 a 20 de julho: Saturno em Peixes faz um bom ângulo com o Sol em Câncer, promovendo mais eficiência no setor de trabalho, além de mais facilidade na comunicação com os colegas. Ainda que haja alguma intriga, procure relevar, pois tudo é circunstancial ou passageiro.

De 21 a 31 de julho: Sol e Netuno estão em trígono, propiciando uma visão mais abrangente da vida e capacidade de avaliar melhor suas capacidades no trabalho. Sol em sextil com Marte sinaliza um bom estímulo para decisões e iniciativas acertadas em sua vida.

De 1º a 10 de agosto: Parcerias criativas são abençoadas com o sextil entre Sol e Júpiter, em que todas as trocas são férteis e terão o devido reconhecimento. Mercúrio e Vênus em Virgem mostram mais disposição para organizar com eficiência documentos, livros, fotos e armários de sua casa.

De 11 a 20 de agosto: Este deve ser um período de sobrecarga de responsabilidades, será interessante delegar funções para pessoas próximas. Dificuldades no ambiente familiar podem prejudicar sua produtividade; tente separar os assuntos para pacificar sua mente.

De 21 a 31 de agosto: Imprevistos domésticos vão acabar alterando a sua rotina, e vai depender de você achar soluções rápidas para eles. Vênus está em sua quinta casa, em trígono com Plutão, trazendo a promessa de encontros prazerosos tanto na vida social quanto na amorosa. Aproveite bem!

De 1º a 10 de setembro: Os ângulos planetários deste ciclo não são favoráveis e por isso será preciso se precaver contra prazos que não se cumprem por excesso de trabalho. No entanto, deixe um tempo também para lazer e descanso; mude a rotina e paisagens habituais.

De 11 a 20 de setembro: O ritmo de seu cotidiano vai voltando ao de sempre, e você já está mais disposto física e mentalmente falando. Vênus em Libra faz trígono com Júpiter em Gêmeos, avisando que os bons ventos de Cupido estão soprando a seu favor!

De 21 a 30 de setembro: Plutão e Vênus em quadratura podem fazer aflorar problemas antigos em seu trabalho; procure contorná-los com humor e sabedoria, e fugir dos dramas, pois nem sempre é possível agradar a todos. Viagens ao exterior são bem-vindas nessa fase.

De 1º a 10 de outubro: Um ciclo que tem início com Sol e Mercúrio em Libra é muito fértil na vida social e artística. Procure se divertir mais com os amigos e conhecer pessoas diferentes. Podem surgir convites para viagens ou parcerias de trabalho bem produtivas.

De 11 a 20 de outubro: Fique atento aos excessos de alimentação que enfraquecem a saúde; seu corpo pode estar precisando de uma rotina mais assertiva e boas horas de sono. A vida social continua em alta, assim como o clima para romances e, claro, a autoestima!

De 21 a 31 de outubro: Marte faz sextil com Urano e trígono com Netuno, mostrando que a hora é oportuna para materializar seus sonhos. Leve em conta sua sensibilidade e intuição para definir melhor o que pretende fazer, buscando apoio e orientação adequada aos seus empreendimentos.

De 1º a 10 de novembro: Plutão faz oposição a Marte, que ocupa sua terceira casa, e isso pode significar dificuldades no deslocamento, seja no trânsito ou em estradas; fique mais cuidadoso ao dirigir. Você poderá solicitar a orientação de pessoas mais experientes antes de tomar as decisões para este momento.

De 11 a 20 de novembro: Será muito importante não se envolver em discussões infrutíferas, em que nada é convergente e nas quais se perde muito tempo. Mercúrio em oposição a Júpiter torna as discussões intelectuais desgastantes, e a saída inteligente é desistir de querer "vencer" o adversário.

De 21 a 30 de novembro: O trígono entre Marte em Leão e Sol em Sagitário fala de coragem, garra e determinação para alcançar suas metas. Agora você já é capaz de dirigir sua vida com foco, otimismo e alegria, que geralmente atraem o melhor para todos.

De 1º a 10 de dezembro: Talvez você ainda precise lidar melhor com opiniões divergentes das suas, e isso o deixará desapontado com os outros. Vênus em Capricórnio em sextil com Netuno em Peixes vai desanuviar essa atmosfera; exercite o desapego quanto à importância de suas opiniões.

De 11 a 20 de dezembro: O planeta Marte recebe uma oposição de Vênus em Aquário e um trígono de Mercúrio em Sagitário. Os impulsos de intolerância no amor podem se intensificar. Mas você pode exercer controle sobre suas emoções se pensar antes de agir; fique atento.

De 21 a 31 de dezembro: O final deste ano é marcado por um ângulo de tensão entre Júpiter em Gêmeos e Saturno em Peixes. É possível que não tenha muita disposição nem vitalidade neste período; o melhor será poupar energia, relaxar e relevar as contrariedades, que são passageiras.

CÂNCER — 21 de junho – 21 de julho

EU SINTO
ELEMENTO: Água
PEDRAS DE PROTEÇÃO: Pedra da lua e selenita
PLANETA REGENTE: Lua
QUALIDADE: Cardinal

De 1º a 10 de janeiro: O ano tem início com Vênus em ângulo tenso com Saturno, e Mercúrio em quadratura com Netuno. Fique atento ao seu corpo, que está pedindo descanso e uma alimentação mais leve, com menos açúcar e alimentos processados. Sua saúde vai agradecer.

De 11 a 20 de janeiro: Agora com um trígono entre Sol e Urano, você terá a força da energia de renovação e a necessidade de boas companhias, que sempre estimulam sua vida. Mercúrio em sextil com Saturno indica a oportunidade de reencontrar pessoas queridas que você não vê há tempos.

De 21 a 31 de janeiro: O Sol se encontra com Plutão no signo de Aquário, aumentando sua autoconfiança e poder pessoal, e a capacidade de direcionar seus planos e metas imediatas. Novos talentos estão emergindo e vão iluminar sua caminhada.

De 1º a 10 de fevereiro: Vênus faz trígono com Urano, indicando que o processo de renovação se estende à suas relações pessoais, expandindo assim sua autoestima. Caso haja mudanças em sua rotina, saiba que elas vêm para que treine o desapego, pois vida é movimento e transformação.

De 11 a 20 de fevereiro: Plutão recebe agora a companhia de Marte e Vênus, e essa conjunção manifesta uma intensidade em suas emoções que não deve ser reprimida, mas sim observada. O que vier à tona será positivo para o seu autoconhecimento no âmbito amoroso.

De 21 a 29 de fevereiro: Mercúrio, Sol e Saturno estão em Peixes, e isso faz aumentar sua natural emotividade e desejo de segurança emocional. Esse *stellium* está na Casa IX, relacionada a filosofia, espiritualidade e Ensino Superior. Ótimo ciclo para contatos com o estrangeiro, seja por meio de viagens ou encontros.

De 1º a 10 de março: O período pode ser marcado por imprevistos ou mesmo rupturas que vão alterar seu cotidiano. Será preciso controlar a ansiedade e o sentido de urgência em relação às suas tarefas; procure relaxar e mudar a prioridade dos compromissos.

De 11 a 20 de março: Plutão em sextil a Mercúrio deve se manifestar com mais fluência e rapidez em sua comunicação; lembre-se de que as palavras têm o poder de influenciar os outros. O *stellium* na Casa IX sinaliza interesses de ordem espiritual ou mística que inspiram o seu viver.

De 21 a 31 de março: O Sol entra em Áries, dando início ao ano zodiacal. Ele está na décima casa, movimentando o setor profissional; você pode atrair oportunidades para crescer e expandir seus interesses. Vênus e Júpiter ampliam seu círculo de amizades, agitando sua vida social, artística e amorosa.

De 1º a 10 de abril: Marte e Saturno estão juntos em Peixes, indicando um período favorável para definições de metas relacionadas a trabalho ou estudos. Você poderá receber boas orientações de pessoas mais experientes para ajudá-lo em suas decisões.

De 11 a 20 de abril: Sol, Mercúrio e Vênus em Áries acionam energias de coragem, iniciativa e assertividade na carreira. Favorável para começar um curso interessante ou definir datas para eventos importantes. Não recuse convites para sair e se divertir!

De 21 a 30 de abril: Júpiter está em conjunção com Urano em Touro e ambos recebem um sextil de Marte, que está em Peixes. Ciclo favorável para planejar metas de trabalho de forma pragmática. Com um otimismo realista e disciplinado, você encontrará sucesso e alegrias.

De 1º a 10 de maio: O planeta Plutão recebe aspectos antagônicos de Vênus e Marte. Há uma tendência mais passional que pode levá-lo a sentimentos de desconfiança e ciúmes. No entanto, Marte pode trazer lucidez e discernimento para não deixar as emoções passarem dos limites.

De 11 a 20 de maio: Um belo *stellium* em Touro na Casa XI facilita a ampliação de seus planos e projetos para o futuro, trazendo um colorido especial para esses dias. Excelente ciclo para reencontrar amigos que não vê há tempos, planejar alguma viagem ou atividade criativa.

De 21 a 31 de maio: Essa é também uma fase inspiradora para a vida social, que o deixará animado para poder compartilhar experiências e conhecimentos. Na vida afetiva trata-se de um momento relevante, pois sua maturidade emocional significa mais habilidade para lidar melhor com tudo e todos.

De 1º a 10 de junho: Sol e Vênus estarão alinhados em Gêmeos nos próximos dias, e essa posição astral amplia seu poder de atração e harmonização da vida ao seu redor. Júpiter em trígono com Plutão reforça esse talento, que poderá se estender a atividades humanitárias ou filantrópicas.

De 11 a 20 de junho: As contrariedades do cotidiano podem deixá-lo tenso, e a ansiedade deve atrapalhar sua concentração e objetividade. Não leve tudo tão a sério; abstraia as frustrações momentâneas, sem querer ter controle sobre tudo.

De 21 a 30 de junho: Mercúrio em sextil com Urano e em trígono com Saturno vai lhe possibilitar a capacidade de pensar de forma original e criativa, podendo inovar seus interesses e planos para o futuro. Isso vem se somar às experiências adquiridas no passado, que lhe deram mais sabedoria!

De 1º a 10 de julho: Dificuldades na comunicação podem gerar impasses em sua atuação profissional que levarão certo tempo para se esclarecer. No entanto, tente priorizar sua paz de espírito e manter-se focado naquilo que é relevante.

De 11 a 20 de julho: O Sol em Câncer, em trígono a Saturno em Peixes, mostra que as demandas da vida profissional continuam intensas e que você está capacitado para abraçá-las e realizá-las com sucesso. Aguarde por boas notícias que vão levantar seu ânimo!

De 21 a 31 de julho: Seu interesse por temas místicos ou espirituais poderá ser renovado em função de leituras ou ensinamentos inspiradores. O contato com o estrangeiro está em alta; quem sabe não é hora de planejar alguma viagem de lazer?

De 1º a 10 de agosto: O mês inicia com um sextil entre Sol e Júpiter, o que é benéfico para seus negócios; fique atento à sua intuição para poder aproveitar uma oportunidade rápida. Mercúrio e Vênus em Virgem facilitam o contato com irmãos e vizinhos, agilizando seu cotidiano.

De 11 a 20 de agosto: Esse ciclo pode ser marcado por expectativas frustradas, e isso o obrigará a rever projetos ou trabalhos que precisem ser aperfeiçoados. O tempo certo de as coisas acontecerem vai chegar, e depois tudo fará mais sentido para você.

De 21 a 31 de agosto: Vênus está bastante ativada estes dias, o que poderá incrementar sua interação social e diplomacia, que serão valorizadas e admiradas. Isso se deve a sua autoestima conquistada em experiências anteriores.

De 1º a 10 de setembro: Preocupações com pessoas de mais idade podem significar certa sobrecarga no dia a dia. Cuide mais da alimentação e ache tempo para descansar, ajustar melhor as horas do seu sono e fazer caminhadas para poder se energizar.

De 11 a 20 de setembro: É possível que você se sinta pressionado entre vida familiar e profissional. As demandas maiores de trabalho vão deixá-lo animado; no entanto, lembre-se de dar atenção àqueles que precisam de sua presença e afeto.

De 21 a 30 de setembro: Mercúrio em quadratura com Netuno pode se manifestar como fofocas e intrigas no trabalho. Fique de olho nos invejosos de plantão, e não subestime o poder deles, que podem atuar na surdina. Mas não recue de seus propósitos nem, é claro, de sua autoconfiança.

De 1º a 10 de outubro: Momento propício para decisões no âmbito familiar. Você pode querer mudar de casa e assumir algum compromisso que dê mais segurança às pessoas que ama. Caso seja necessário, peça orientação a pessoas qualificadas para ajudá-lo nessas tarefas.

De 11 a 20 de outubro: O Sol em trígono com Júpiter vem abençoar suas decisões nesta fase de expansão e disposição para avançar e se lançar a novos desafios. Momento favorável para tratamentos de saúde, fazer seu check-up anual e buscar diagnósticos preventivos.

De 21 a 31 de outubro: Marte está em Câncer, seu signo solar, e isso sinaliza mais garra e energia para tomar decisões em próprio benefício. Sua intuição poderá apontar caminhos novos para resolver antigos problemas com mais assertividade e segurança.

De 1º a 10 de novembro: Este período pede cautela com gastos excessivos ou investimentos de risco. Procure manter a calma e o discernimento caso seja provocado ou ofendido por alguém. Às vezes o que já está complicado pode piorar quando falta controle emocional.

De 11 a 20 de novembro: Nestes dias, ainda é importante não se comprometer com despesas mais altas. Fuja de discussões radicais em que os interlocutores são apenas adversários, ou seja, não têm nenhum interesse em ouvir ou entender o que está se passando.

De 21 a 30 de novembro: Agora, com o trígono entre Sol e Marte, já está mais fácil montar suas estratégias no trabalho e avançar em direção ao que você se propôs. Assertividade e coragem são importantes, e perseverança e disciplina são atributos dos fortes.

De 1º a 10 de dezembro: O final de ano vai exigir muito de sua paciência e tolerância. A sensação de que tudo está em passos de tartaruga é correta, pois os ciclos de Saturno tendem a retardar o ritmo dos acontecimentos. Deixe o tempo agir.

De 11 a 20 de dezembro: Neste período, tenha mais cuidado com os excessos de comida e bebidas, típicos das comemorações de final de ano, pois seu organismo está mais sensível. Evite a automedicação, que pode intoxicar seu organismo.

De 21 a 31 de dezembro: O final de ano pode trazer imprevistos, e o mais adequado é se precaver, não criando muitas expectativas. Existem acontecimentos que não dependem de sua intenção ou vontade, e assim o que resta é exercitar a paciência e o desapego.

LEÃO 22 de julho – 22 de agosto
EU GOVERNO PLANETA REGENTE: Sol
ELEMENTO: Fogo QUALIDADE: Fixo
PEDRAS DE PROTEÇÃO: Olho de tigre e citrino

De 1º a 10 de janeiro: Este início de ano poderá demandar de você mais tempo para descansar e recarregar as energias que foram despendidas no ano que terminou. Momento favorável para estar ao lado de pessoas queridas, como familiares e amigos.

De 11 a 20 de janeiro: Neste ciclo temos a presença de Sol e Urano em sextil com Netuno; você deve estar mais disposto tanto física quanto mentalmente. O Sol na sua casa de trabalho vai propiciar momentos de *insights*, e, sendo assim, confie mais na sua intuição!

De 21 a 31 de janeiro: Este também é um período fértil e inspirador no qual você terá uma percepção mais clara dos seus talentos. Não hesite em mostrá-los, mesmo que nem todos os reconheçam; o que vale mesmo é a sua autoconfiança.

De 1º a 10 de fevereiro: Urano está em trígono com Vênus no céu planetário, dinamizando não só seus interesses profissionais, mas também os sociais. O contato com pessoas diferenciadas e criativas será certamente muito gratificante neste ciclo.

De 11 a 20 de fevereiro: Marte e Plutão se encontram no signo de Aquário, e essa conjunção se expressa em força e coragem para se aventurar em projetos mais ousados. Você poderá se surpreender positivamente ao descobrir seus potenciais criativos.

De 21 a 29 de fevereiro: Mercúrio, Sol e Saturno encontram-se no signo de Peixes, fazendo um sextil com Júpiter em Touro. É um ciclo auspicioso para estudar, viajar e assim ampliar seus horizontes profissionais e intelectuais, tendo já em vista a expansão de projetos em longo prazo.

De 1º a 10 de março: A fase de crescimento continua neste período e, sem dúvida, sua autoconfiança e otimismo serão o adubo perfeito para futuras colheitas. O reconhecimento de suas capacidades está acontecendo. Ótimo ciclo para a vida social e o contato com jovens e crianças.

De 11 a 20 de março: Imprevistos com aparelhos eletrônicos podem desorganizar seu cotidiano; copie os arquivos para ter um "plano B" caso isso ocorra. O lado positivo dessa experiência será a necessidade de organizar documentos no trabalho e em casa.

De 21 a 31 de março: Vênus e Saturno juntos indicam uma fase de mais maturidade emocional, em que você poderá aprofundar e enraizar laços afetivos significativos. Aproveite para cuidar mais de sua saúde e alimentação, e fazer os exames anuais; não procrastine tratamentos relevantes.

De 1º a 10 de abril: Mercúrio em Áries inicia seu movimento retrógrado, o que também pode ser visto como uma oportunidade para rever e aperfeiçoar projetos para os próximos meses. Vênus em sextil com Plutão indica chances de êxito naquilo que fizer em parcerias que demandem um bom planejamento.

De 11 a 20 de abril: O momento é fértil e positivo para mostrar suas ideias mais arrojadas ao mundo, que deverão ser compartilhadas com sucesso. Sol, Vênus e Mercúrio juntos estão abrindo horizontes no estrangeiro; não tenha receio de possíveis obstáculos no meio do caminho.

De 21 a 30 de abril: Júpiter em conjunção a Urano em Touro está na sua décima casa. Não deixe de aproveitar as chances e fazer seus negócios crescerem, investindo também em conhecimentos de tecnologia, que vão facilitar a realização de suas metas. A criatividade leonina está em alta!

De 1º a 10 de maio: Sol em sextil a Saturno sinaliza um momento propício para encontros com pessoas do passado. Bom momento também para você planejar seu próximo semestre com mais disciplina e perseverança. Contrariedades na vida sentimental serão passageiras.

De 11 a 20 de maio: Sol, Vênus e Urano em contato dinamizam de forma intensa sua vida social, cultural e artística. Não recuse convites para seu lazer, exercitando sempre a alegria leonina. Entretenimento de qualidade só faz bem para a alma.

De 21 a 31 de maio: Neste ciclo, seu espírito pode estar motivado e direcionado a temas filosóficos ou metafísicos. Bom para leituras e ensinamentos que tragam uma visão mais ampla e significativa de sua missão no mundo; vá em frente!

De 1º a 10 de junho: Sol e Vênus estarão juntos em Gêmeos nos próximos dez dias, movimentando assim sua casa das amizades e dos planos para o futuro. Dê asas à imaginação e diga sim para a vida social e amorosa; novidades estão por chegar, com ventos planetários a seu favor.

De 11 a 20 de junho: Agora é hora de voltar para o cotidiano, com suas obrigações, que talvez o sobrecarreguem. Faça o que estiver a seu alcance e, se necessário, delegue parte de suas tarefas. Preste mais atenção a sua alimentação e, sobretudo, evite a automedicação.

De 21 a 30 de junho: Sua resistência física já está melhor, mas continue se cuidando. Vênus em sextil com Marte estão favorecendo a cumplicidade na vida amorosa e viagens rápidas de lazer para descobrir lugares mais inspiradores para o seu romance.

De 1º a 10 de julho: Nestes dias, a oposição entre Mercúrio em Leão e Plutão em Aquário pode trazer dificuldades a sua maneira de se expressar. Evite palavras ríspidas que possam ferir seu interlocutor. Opte pela diplomacia e tolerância, que funcionam melhor em quase todas as circunstâncias.

De 11 a 20 de julho: O planeta Urano está em Touro, sendo dinamizado por Marte e Sol, que representam coragem, autoconfiança e assertividade. Sua vida profissional pode estar mais acelerada e demandando decisões rápidas. Use os recursos tecnológicos que tiver a sua disposição.

De 21 a 31 de julho: Sol e Netuno em trígono no céu planetário podem se manifestar em atitudes compassivas e tolerantes, que tenham a ver com uma visão mais abrangente de tudo o que está a sua volta. Ótimo para tratamentos alternativos como reiki, florais, acupuntura ou cromoterapia.

De 1º a 10 de agosto: Mercúrio e Vênus estão juntos em Virgem, e assim a fase ainda é benéfica para dar continuidade aos temas de saúde, entre eles, uma alimentação mais saudável com grãos e frutos da estação. Sol em sextil com Júpiter revela um espírito mais otimista e confiante na vida.

De 11 a 20 de agosto: Este ciclo é mais desafiador, exigindo de você tolerância e resiliência para lidar com possíveis conflitos na área amorosa. Diminua suas expectativas, trabalhe mais a autoestima e não fique alimentando sentimentos de ciúmes e desconfiança.

De 21 a 31 de agosto: Vênus, que está em Virgem, faz um trígono com Urano e depois repetirá esse mesmo aspecto com Plutão, quando entrar em Libra no final deste mês. Seguramente os conflitos e obstáculos da vida sentimental poderão ser superados com sua inteligência emocional.

De 1º a 10 de setembro: Continue firme com sua agenda positiva para a saúde, pois alguns problemas crônicos ainda podem voltar. Tenha atenção a gastos excessivos que possam vir a atrapalhar sua vida financeira.

De 11 a 20 de setembro: Urano em trígono com o Sol em signos de Terra está impulsionando sua vida profissional; suas ideias e sugestões mais criativas serão bem-aceitas no trabalho. Vênus em harmonia com Júpiter mostra um ciclo positivo para sair, namorar e se divertir com a pessoa amada.

De 21 a 30 de setembro: Sol em Virgem em trígono com Plutão no final de Capricórnio mostra mais produtividade e eficiência, cujos resultados vão inspirar seus colegas de trabalho. Momento positivo para tratar de assuntos patrimoniais junto aos familiares.

De 1º a 10 de outubro: Mercúrio e Sol estão juntos em Libra, trazendo mais movimento, interação social, curiosidades e até novos amigos em sua vida. Aproveite para viajar, conhecer lugares diferentes e estudar. A comunicação e a diplomacia são a tônica deste período.

De 11 a 20 de outubro: Vênus em trígono com Netuno e Sol em trígono com Júpiter ampliam seus interesses espirituais e filosóficos, que podem ser compartilhados com pessoas queridas e mais próximas. Sua receptividade emocional vai tornar o convívio familiar muito mais prazeroso.

De 21 a 31 de outubro: Este ciclo continua excelente para todos os tipos de estímulos intelectuais, e sua sensibilidade psíquica intensifica os processos subjetivos que possa estar vivenciando. Os conselhos de pessoas mais experientes ou sábias também serão relevantes.

De 1º a 10 de novembro: A oposição entre Marte e Plutão pode trazer inquietações ou sobressaltos ao ambiente de trabalho. É hora de tentar aparar os conflitos, sabendo que a passagem do tempo também é capaz de contornar obstáculos. Cultive a paciência e a resiliência.

De 11 a 20 de novembro: O excesso de responsabilidades no trabalho pode prejudicar sua vida pessoal e familiar, mas o jogo de cintura e o bom humor vão ajudá-lo a conviver com essa complexa "corda esticada". Tudo se resolverá em breve.

De 21 a 30 de novembro: Sol em Sagitário está em trígono com Marte em Leão, que é seu signo solar. É provável que você se sinta muito mais disposto e animado para direcionar suas metas profissionais e econômicas. Excelente momento para fazer viagens longas e conhecer lugares especiais.

De 1º a 10 de dezembro: O planeta Mercúrio retrógrado ao lado do Sol em Sagitário faz oposição a Júpiter em Gêmeos. Agora é aconselhável não fazer dívidas e evitar investimentos de risco. Na vida social podem surgir discussões com entes queridos e caberá a você ter flexibilidade para não haver rupturas.

De 11 a 20 de dezembro: O ciclo anterior apontava para opiniões divergentes, que surgem mais uma vez. Mercúrio em movimento direto pode refinar seus argumentos se você buscar informações mais apropriadas para manter conversas inteligentes e produtivas.

De 21 a 31 de dezembro: Este final de ano é marcado por uma quadratura entre Júpiter e Saturno em signos mutáveis. Você pode ter a sensação de não ter finalizado seus projetos como gostaria. No entanto, o melhor a fazer é valorizar suas conquistas e continuar confiante no que ainda está por vir.

VIRGEM — 23 de agosto – 22 de setembro
EU ORGANIZO
ELEMENTO: Terra
PLANETA REGENTE: Mercúrio
QUALIDADE: Mutável
PEDRAS DE PROTEÇÃO: Amazonita e malaquita

De 1º a 10 de janeiro: Vênus encontra-se no seu setor doméstico e familiar, em ângulo de desarmonia com Saturno. Este não é o melhor momento para ficar discutindo sobre seu relacionamento amoroso, pois sua avaliação tende a ser depreciativa. Tenha mais paciência.

De 11 a 20 de janeiro: Sol em sextil com Netuno está estimulando seu espírito para práticas espirituais que estejam alinhadas com valores éticos. O respeito pelas diferenças e a tolerância podem ser praticados com êxito, trazendo mais alegria ao seu cotidiano. Confie mais na sua intuição.

De 21 a 31 de janeiro: Sol e Júpiter estão em ângulo de tensão, o que costuma gerar desgaste e conflitos por divergências de opiniões mais radicais. Procure exercitar a flexibilidade e se adaptar ao que a vida traz, sem grandes julgamentos.

De 1º a 10 de fevereiro: Este ciclo favorece a comunicação e o diálogo produtivo para as questões do mês anterior. Será importante rever suas crenças e libertar-se das dores do passado, para poder depois investir com mais alegria em novos relacionamentos.

De 11 a 20 de fevereiro: O ciclo continua benéfico para a vida a dois. Será importante fazer seus exames anuais e não procrastinar consultas já agendadas. Ótimo para fazer uma dieta mais balanceada com grãos, raízes e frutas.

De 21 a 29 de fevereiro: Sol e Saturno se encontram no aquático signo de Peixes, ampliando sua sensibilidade psíquica e imaginativa. O momento é favorável para que se empenhe mais em concretizar seus sonhos e metas de trabalho, organizando os horários e tendo mais compromisso consigo mesmo.

De 1º a 10 de março: Esta fase é auspiciosa para tratar de assuntos jurídicos e imobiliários; se for o caso, procure um aconselhamento qualificado. Mercúrio e Netuno estão em conjunção em Peixes, o que propicia um olhar mais pacífico e compassivo em relação às pessoas que você quer bem.

De 11 a 20 de março: Sol e Urano em sextil tornam o ritmo de seu trabalho mais acelerado e dinâmico; não descarte as novas ideias que surgirem. Excelente ciclo para estudar, pesquisar, participar de palestras, aprofundar seus conhecimentos e deles usufruir no cotidiano.

De 21 a 31 de março: Sol e Plutão atuam positivamente em sua psique, deixando-o mais consciente de talentos e recursos ainda desconhecidos. Esse processo lhe traz mais autonomia e confiança, o que é essencial para o seu desempenho profissional.

De 1º a 10 de abril: Mercúrio entrando em movimento retrógrado poderá trazer lentidão a contatos e negócios, bem como dificuldade em acordos de modo geral. Todavia, isso não deterá seu processo criativo, que independe de contatos externos; lembre-se disso.

De 11 a 20 de abril: Os planetas Júpiter e Urano estão lado a lado e ativando sua Casa IX, associada ao pensamento abstrato e ao estrangeiro. Excelente fase para expandir seus interesses, sejam eles profissionais, filosóficos ou espirituais. Há muitas novidades chegando!

De 21 a 30 de abril: A conjunção do ciclo anterior permanece ativa, estimulando *insights* e a necessidade de renovar suas metas. O importante é não querer controlar tudo; deixe-se levar pelo fluxo dos acontecimentos, sabendo que tudo vem para seu crescimento.

De 1º a 10 de maio: Contrariedades devido a ações inconscientes alheias podem deixá-lo frustrado, mas lembre-se de que você não tem poder para mudar certas coisas. O Sol em sextil a Saturno traz uma "janela" positiva astrológica, indicando que as experiências acumuladas no passado serão de grande valia agora.

De 11 a 20 de maio: Urano está recebendo estímulos neste momento, e a vida continua intensa e vibrante, com novidades batendo a sua porta; não tenha receio de abraçar novas experiências. Pode haver conflitos com irmãos ou vizinhos.

De 21 a 31 de maio: Neste período, os aspectos positivos entre Sol, Netuno e Plutão mostram que transformações mais profundas podem acontecer em sua psique e na sua visão de mundo. Ótimo ciclo para viagens rápidas e estímulos intelectuais.

De 1º a 10 de junho: Vênus e Sol estão em conjunção com Gêmeos em sua décima casa durante este ciclo. Alegrias na vida amorosa e social vão surgir e incrementar sua autoestima. De qualquer forma, fique atento a excessos de alimentação ou de bebidas alcoólicas.

De 11 a 20 de junho: Alguns assuntos mal resolvidos do passado podem retornar agora, e será interessante esclarecer e limpar resíduos emocionais inúteis. Bom momento para fazer terapia, investir em autoconhecimento, olhando mais para o futuro e menos para o passado.

De 21 a 30 de junho: O planeta Mercúrio recebe bons aspectos de Saturno e Urano, o que mostra um período rico e fértil em termos intelectuais. Você tem ao mesmo tempo sensibilidade para captar coisas mais sutis e também discernimento para adequá-las a sua realidade com escolhas mais acertadas.

De 1º a 10 de julho: Vênus em Câncer em trígono com Saturno em Peixes constitui um ciclo excelente para a compreensão e depuração de memórias afetivas que deixaram marcas em sua alma. Agora você sabe que tem poder para modificar suas crenças e seguir em frente.

De 11 a 20 de julho: Saturno e Sol em harmonia corroboram esse período de maturidade psicológica, em que suas experiências significam mais sabedoria e pragmatismo. Sol e Urano favorecem novas amizades com as quais você possa ter os mesmos valores e sonhos a serem realizados.

De 21 a 31 de julho: Neste ciclo, o Sol recebe bons aspectos de Netuno em Peixes e Marte em Gêmeos. Essa configuração ilumina o setor de viagens e dos conhecimentos abstratos, místicos ou espirituais. Ótimo para planejar viagens longas, que o deixarão mais animado por novos desafios.

De 1º a 10 de agosto: O primeiro ciclo deste mês sinaliza que seu estado de espírito é confiante, e isso mostra um período de expansão em seus projetos ou ambições profissionais. Fase positiva para organizar documentos, sua rotina e a alimentação em geral.

De 11 a 20 de agosto: Marte em quadratura com Saturno traz a possibilidade de sobrecarga de trabalho e dificuldade em cumprir prazos predeterminados. Essa situação pode também influenciar a qualidade de seu relacionamento amoroso, uma vez que você estará mais dispersivo e estressado.

De 21 a 31 de agosto: Procure ser e estar mais flexível com as demandas do momento, que estão mais desafiadoras. Preocupações com pessoas de mais idade serão um teste de paciência a mais. Tente relaxar, ouvir boa música ou adiar compromissos menos relevantes; tudo é passageiro.

De 1º a 10 de setembro: Júpiter e Saturno estão pressionando o Sol, que está em seu signo solar. O que você deve fazer em seu próprio benefício é cuidar melhor do seu bem-estar, fazer caminhadas ao ar livre, tomar sol, optar por alimentos menos calóricos e mais energéticos. Seu corpo vai agradecer.

De 11 a 20 de setembro: Mercúrio em Virgem em sextil com Marte em Câncer vai facilitar sua mobilidade e comunicação com amigos, além da tomada de novas decisões. Sol e Urano, por sua vez, representam a renovação de energias que lhe permitirão tirar da frente obstáculos que pareciam insolúveis.

De 21 a 30 de setembro: O Sol saindo de seu signo solar faz um trígono com Plutão em Capricórnio. Você está mais consciente de seus poderes pessoais, podendo tomar decisões acertadas e se surpreender com talentos ainda desconhecidos. Na vida amorosa, tudo vai bem.

De 1º a 10 de outubro: Mercúrio e Sol em Libra sinalizam um bom período para ganhos materiais, organização de seu orçamento mensal ou mesmo pensar em novas fontes de renda. No amor, os ventos são favoráveis para assumir compromissos mais estáveis.

De 11 a 20 de outubro: Sol em trígono a Júpiter na décima casa indica que é tempo de reconhecimento e que seus esforços foram reconhecidos, ou seja, é tempo de colheita. Vênus e Netuno assinalam um clima de romantismo e cumplicidade com a pessoa amada.

De 21 a 31 de outubro: Saturno e Mercúrio em harmonia trazem maturidade e consolidação a suas parcerias de trabalho, com as quais você assumirá responsabilidades e poderá levá-las adiante. Marte e Netuno devem deixá-lo mais receptivo a seus sonhos; dê mais atenção a eles.

De 1º a 10 de novembro: Novamente é preciso estar mais atento ao seu bem-estar físico; o estresse acumulado geralmente produz dores e diminui a imunidade. Se possível, faça massagens, caminhadas, e ache tempo para o seu lazer. As desculpas de falta de tempo precisam ser engavetadas!

De 11 a 20 de novembro: Mercúrio recebe aspectos tensos de Saturno e Júpiter nestes dias. Evite discussões com os familiares, e não fique esperando, por ora, que aceitem todas as suas opiniões. O ritmo dos acontecimentos também está em uma fase de desaceleração.

De 21 a 30 de novembro: O Sol em Sagitário está recebendo bons aspectos de Plutão em Aquário e de Marte em Leão, e essa configuração lhe devolve uma forte autoconfiança, que é essencial para tomar iniciativas acertadas. Ótimo momento para viagens de lazer a lugares desconhecidos.

De 1º a 10 de dezembro: Período marcado por trabalho acumulado e que precisa ser finalizado. Delegue aquilo que não poderá fazer, seja mais pragmático e objetivo em tudo o que precisa assumir. Fuja de gastos excessivos, típicos de final de ano.

De 11 a 20 de dezembro: Mercúrio em Sagitário entra em movimento direto e faz trígono com Marte em Leão. Seu otimismo e confiança vão atrair situações favoráveis, para que possa fazer boas escolhas para seu final de ano. Boa hora para ir diminuindo o ritmo de atividades e reencontrar seus amigos.

De 21 a 31 dezembro: O final de ano é marcado por aspectos planetários antagônicos. O melhor é não criar grandes expectativas no âmbito social, deixando as coisas fluírem de acordo com as demandas de todos. Mesmo assim, celebre a vida e as conquistas alcançadas!

LIBRA

23 de setembro – 22 de outubro

EU EQUILIBRO
ELEMENTO: Ar
PEDRAS DE PROTEÇÃO: Quartzo rosa e turmalina melancia
PLANETA REGENTE: Vênus
QUALIDADE: Cardinal

De 1º a 10 de janeiro: Neste início de ano, suas expectativas amorosas podem ser frustradas. Suas exigências ou demandas em relação ao ser amado podem ser excessivas. Deixe de lado o orgulho se não quiser criar dificuldades; é hora de exercitar a paciência e a tolerância.

De 11 a 20 de janeiro: Sua sensibilidade e intuição vão nortear suas decisões; procure relaxar e, se der, fique mais próximo da natureza. Sol em sextil a Netuno sugere a ingestão de alimentos leves, exercícios e tratamentos complementares ou alternativos, que serão muito eficientes.

De 21 a 31 de janeiro: Sol e Plutão estão no início de Aquário, ativando sua casa de autoexpressão e criatividade. Você poderá se surpreender positivamente com a descoberta de recursos e talentos ainda não explorados. Esse conhecimento vai melhorar seu desempenho no trabalho.

De 1º a 10 de fevereiro: Esta fase também é auspiciosa para investir em autoconhecimento. Os temas holísticos, místicos e esotéricos podem ter grande valia nesse sentido. Sua vida social tende a estar mais alegre e prazerosa.

De 11 a 20 de fevereiro: Netuno e Vênus tornam este ciclo afortunado para contatos com pessoas espiritualizadas e diferenciadas. Ótimo momento também para atividades ou entretenimento ligados a arte, música e cultura em geral. Preste atenção aos seus sonhos!

De 21 a 29 de fevereiro: O clima para romances continua intenso e cabe a você tomar iniciativas e mostrar seus sentimentos. O reencontro com pessoas queridas, como primos e amigos do passado, será bastante revelador. Boa fase para viagens rápidas.

De 1º a 10 de março: Urano em Touro e Mercúrio em Peixes fazem um sextil, deixando sua mente mais ágil; sua percepção das coisas pode se modificar, e você se sentirá mais livre para mostrar sua opinião. Momento interessante para fazer contatos com pessoas de outras culturas.

De 11 a 20 de março: Este ciclo continua fértil e produtivo para a interação social; aproveite para aprender coisas de seu interesse e aprofundar seus estudos. Período positivo para organizar as finanças e deixar sua vida mais segura; você pode vender ou comprar os bens que achar necessários.

De 21 a 31 de março: Aproveite esta fase para cuidar da saúde, fazendo exames e consultas que estão atrasados. O ciclo da Lua Cheia intensifica sua vida social, parcerias e o compartilhamento dos ideais de cooperação e justiça tipicamente librianos.

De 1º a 10 de abril: O mês tem início com o movimento retrógrado de Mercúrio, que está em Áries. É hora de rever ou retomar assuntos engavetados, e discernir entre aqueles que possuem mais chances de realização. Evite a procrastinação por conta de alguns planos que estejam um pouco atrasados.

De 11 a 20 de abril: Mercúrio e Vênus juntos em Áries estão impulsionando sua vida social; é hora de tomar decisões assertivas e ter coragem para investir em projetos que vão ampliar seu repertório intelectual. Marte em sextil com Urano avisa que boas notícias podem estar a caminho.

De 21 a 30 de abril: Júpiter e Urano estão juntos em Touro, reafirmando a energia de expansão do seu intelecto, de suas aspirações, sonhos ou motivações pessoais. Mercúrio em movimento direto traz um ciclo favorável para viagens rápidas a lugares ainda desconhecidos.

De 1º a 10 de maio: Saturno em Peixes e Sol em Touro fazem um ângulo de harmonia, facilitando o planejamento e a disciplina para se chegar aonde se pretende. O aconselhamento com pessoas de mais idade e experiência será bastante bem-vindo e oportuno.

De 11 a 20 de maio: Sol, Vênus e Urano estão em Touro, signo regido por Vênus e que recebe um sextil com Saturno. Touro e Peixes são signos dos elementos Terra e Água, respectivamente, o que representa um ciclo de fertilidade, propício para semear demandas pessoais e profissionais.

De 21 a 31 de maio: Neste mês, Sol e Júpiter adentram o signo de Gêmeos e fazem trígono com Plutão em Aquário. Seus interesses espirituais e filosóficos tenderão a se expandir bastante. Você poderá ter o reconhecimento de seus esforços; trate de celebrar suas conquistas.

De 1º a 10 de junho: Nestes dias, Sol e Vênus estão lado a lado com Gêmeos na Casa IX. Sua autoconfiança e diplomacia acabarão atraindo oportunidades para melhorar a qualidade de seus relacionamentos. Júpiter em trígono com Plutão pode mostrar talentos que estavam adormecidos e agora podem surgir.

De 11 a 20 de junho: Agora é hora de recolher a energia que estava voltada ao mundo externo, revendo certas posturas e o que ainda serve ou não para a sua vida. Mercúrio e Vênus em Câncer também reforçam essa necessidade de interiorização, que será bastante positiva.

De 21 a 30 de junho: Mercúrio em trígono com Saturno indica um ciclo positivo para tratar de assuntos domésticos, favorecendo a organização ou melhorias de toda ordem. Vênus em sextil com Marte gera boas energias na vida sentimental, na qual seus desejos serão valorizados e atendidos.

De 1º a 10 de julho: As solicitações de sua vida profissional são mais intensas agora; não tenha receio de se expor mais nem de assumir novos desafios e compromissos. Mercúrio e Júpiter em sextil favorecem o comércio, assim como a divulgação de seu trabalho nas redes sociais.

De 11 a 20 de julho: Momento em que você pode assumir responsabilidades maiores no trabalho, com grande capacidade para dar conta delas com eficiência. A utilização de recursos tecnológicos será imprescindível para que a execução das tarefas traga bons resultados.

De 21 a 31 de julho: O Sol entra em Leão, agora na sua casa dos amigos; excelente momento para partilhar ideias e projetos, e sentir-se mais cooperativo e integrado com aqueles que têm a mesma sintonia. Sua energia vital está direcionada para boas escolhas.

De 1º a 10 de agosto: O período em que Mercúrio está em movimento retrógrado não deve ser visto como negativo, mas sim como um ciclo em que você pode e deve reavaliar seus contatos, pontos de vista ou remarcar encontros importantes. Tenha foco naquilo que é relevante.

De 11 a 20 de agosto: Saturno recebe aspectos difíceis neste momento. Assim, podem surgir frustrações ou uma certa melancolia, uma vez que adversidades sempre surgem. Os desafios têm como função aumentar nossa resiliência e valorizar os momentos em que tudo flui com mais leveza.

De 21 a 31 de agosto: Nestes dias você poderá se deparar com conflitos antigos no ambiente doméstico ou familiar. Não negue os problemas, mas avalie o que pode ou não ser modificado; nem sempre é possível agradar a todos. Encontre tempo para descansar ou fazer caminhadas ao ar livre.

De 1º a 10 de setembro: Este ciclo ainda vai exigir muita resiliência de sua parte. Se for possível, delegue parte de suas tarefas a alguém de sua confiança. Marte em conflito com Netuno pode indicar um período de baixa no sistema imunológico. Tome mais sol e evite a automedicação.

De 11 a 20 de setembro: Agora temos aspectos mais favoráveis, que sinalizam vitalidade e disposição para o seu cotidiano. Não deixe o desânimo entrar em sua mente, pois a Divina Providência age na vida de quem tem fé. Nunca se esqueça disso.

De 21 a 30 de setembro: Sol em Virgem e Plutão em Capricórnio estão favorecendo boas decisões relacionadas aos âmbitos familiar, financeiro e patrimonial. Troque ideias com pessoas qualificadas, seguindo a orientação delas, para estar mais seguro de suas escolhas.

De 1º a 10 de outubro: Mercúrio e Sol estão juntos no signo de Libra, que é seu signo solar, renovando sua energia vital e a disposição para atrair coisas importantes para sua vida. Vênus em aspecto com Saturno sinaliza mais alegria e prazer no encontro com pessoas de mais idade e experiência.

De 11 a 20 de outubro: Júpiter em trígono com o Sol ilumina o setor das amizades, trazendo alegria e reconhecimento do seu valor pessoal. Momento certo para expressar seus sentimentos, esclarecer pendências ou dúvidas. Nada como uma boa autoestima!

De 21 a 31 de outubro: Urano e Netuno estão em bom aspecto com Marte, que está em Câncer na décima casa. Você deverá estar mais inspirado e com um olhar mais criativo para seu trabalho. Não hesite em mostrar suas propostas e sugestões para os colegas.

De 1º a 10 de novembro: Marte em oposição a Plutão pode mostrar a necessidade de lidar com atitudes alheias inconscientes ou negativas, sobre as quais você não terá nenhum controle. Então faça o que estiver a seu alcance, evitando atitudes muito radicais; vá com calma.

De 11 a 20 de novembro: Mercúrio recebe aspectos tensos de Júpiter e Saturno, o que sugere contrariedades, frustrações com prazos ou promessas que não deram certo. É preciso exercitar sua inteligência emocional, sem se deixar levar pela raiva ou intolerância. Sol e Netuno indicam que esclarecimentos logo virão.

De 21 a 30 de novembro: O Sol em Sagitário, signo de Fogo, está fazendo sextil com Plutão em Aquário e trígono com Marte em Leão. Agora certamente você terá condições para agir com mais assertividade, pois estará seguro de suas convicções e valores. O encontro com amigos queridos será muito especial.

De 1º a 10 de dezembro: Sol e Mercúrio em Sagitário indicam mais interesse em atividades humanitárias ou espirituais, assim como fazer ou planejar viagens para o estrangeiro. A dificuldade deste momento será conter os impulsos com gastos excessivos ou supérfluos.

De 11 a 20 de dezembro: Neste momento existe uma tendência a ficar mais intransigente em suas demandas amorosas. Vá com calma para não romper um relacionamento importante. Nunca é demais lembrar que príncipes encantados só existem em contos de fadas.

De 21 a 31 de dezembro: No céu estelar há uma quadratura entre Júpiter e Saturno, o que pode deixá-lo decepcionado com a impossibilidade de celebrar seu final de ano como havia planejado. O mais aconselhável é não fazer drama e se contentar com a companhia de pessoas especiais e queridas.

ESCORPIÃO — 23 de outubro – 21 de novembro
EU DESEJO
PLANETA REGENTE: Plutão
ELEMENTO: Água
QUALIDADE: Fixo
PEDRAS DE PROTEÇÃO: Obsidiana e jaspe

De 1º a 10 de janeiro: Este período vai exigir de você mais pé no chão e pragmatismo em relação aos gastos excessivos que tendem a desorganizar sua rotina. A vida sentimental pode ficar nebulosa, então evite decisões definitivas e apressadas.

De 11 a 20 de janeiro: Neste ciclo é possível estruturar seu dia a dia com mais disciplina e horários. Momento propício para fazer viagens rápidas e rever pessoas queridas que não vê há tempos. Sol em sextil com Netuno favorece o contato com a natureza, de preferência em lugares que tenham bastante água!

De 21 a 31 de janeiro: Sol e Plutão entram no signo de Aquário e provavelmente vão iniciar mudanças expressivas no seu ambiente familiar e doméstico. Vênus em trígono com Júpiter é um aspecto ótimo para desfrutar de eventos na vida social e artística que só fazem bem para a alma.

De 1º a 10 de fevereiro: Nestes dias, aumenta o desejo de interação social e afetiva. Plutão em conjunção com Mercúrio, que rege seu signo solar, desperta o interesse por temas de psicologia, ocultismo, astrologia ou tarô, que são linguagens simbólicas e promovem o autoconhecimento.

De 11 a 20 de fevereiro: Um *stellium* de Sol, Vênus, Marte e Mercúrio em Aquário confirmam essa tendência de movimentação na vida familiar, com novidades chegando. Interessante também para dar uma renovada nas energias de sua casa, desfazendo-se de objetos sem serventia.

De 21 a 29 de fevereiro: Saturno, Sol e Mercúrio estão agora no signo de Peixes, na sua quinta casa. Você pode estar mais sensível e receptivo ao mundo subjetivo dos sonhos; preste atenção ao que eles querem dizer, uma vez que essas imagens internas sempre têm algo a comunicar.

De 1º a 10 de março: Sol em Peixes e Júpiter em Touro estão incrementando seus investimentos financeiros; acredite também em sua intuição. Parcerias momentâneas serão bem-vindas e produtivas; mantenha a motivação em alta com aqueles que estiverem na mesma sintonia que você.

De 11 a 20 de março: A Lua Nova em Peixes pode ser um "start" a atividades em que sua autoexpressão se torna mais expressiva. Ciclo bom para priorizar ações que possam ir definindo sua caminhada ou vocação, que é o chamado do seu coração.

De 21 a 31 de março: Agora, na fase da Lua Cheia, aquilo que estava embrionário vem à tona, marcando também o início do ano zodiacal. Momento oportuno para mostrar seus sentimentos, tocar seus planos adiante e confiar nos talentos que estão desabrochando.

De 1º a 10 de abril: Mercúrio está em movimento retrógrado, exigindo mais cuidados com papéis, palavras, acordos ou compromissos a serem assumidos. Vênus faz sextil com Plutão, o que deve amadurecer e aprofundar seus vínculos afetivos em geral.

De 11 a 20 de abril: Mercúrio e Sol estão na sua Casa VI, associada ao trabalho, ao impulso de servir e à organização em geral. Marte e Urano em sextil propiciam um investimento de renovação em si mesmo, no local de trabalho e também da sua casa.

De 21 a 30 de abril: Júpiter faz conjunção com Urano, o que sinaliza êxito em parcerias inusitadas que movimentam sua rotina com novos desafios. Mesmo que nem tudo esteja sob seu controle, permita--se confiar no fluxo da vida, irradiando mais otimismo e confiança.

De 1º a 10 de maio: O Sol faz um bom ângulo com Saturno, que rege a sua casa de aprendizado, comunicação e mobilidade. Certamente é tempo de investir em assuntos de seu interesse, solidificando o conhecimento que dará sustentação para avançar em sua carreira.

De 11 a 20 de maio: Vênus e Urano juntos em Touro sinalizam um momento que pede mudanças, e você acertará mais se não resistir a elas. O ritmo da vida fica mais acelerado e, como em um passe de mágica, alguns paradigmas e crenças vão caindo por terra.

De 21 a 31 de maio: Sol em trígono com Plutão faz emergir novos talentos ou recursos que vêm à tona e auxiliam muito em seu autoconhecimento. Tempo propício para conhecer suas raízes básicas e emocionais, relacionadas a histórias de seus antepassados. Vá em frente!

De 1º a 10 de junho: Sol e Vênus juntos em Gêmeos pelos próximos dez dias indicam êxito em associações, parcerias e ações estratégicas que sejam justas e equilibradas. Mercúrio em ângulo favorável com Plutão é excelente para o estudo de linguagens simbólicas, que exijam reflexão e interiorização.

De 11 a 20 de junho: O planeta Saturno está ativado por Vênus e pelo Sol, o que pode trazer uma baixa na sua imunidade e mais cansaço devido à sobrecarga de trabalho ou responsabilidades. Tente delegar uma parte delas e diminuir seu ritmo de atividades por alguns dias.

De 21 a 30 de junho: As tensões saturninas foram superadas, e agora, já com bons aspectos de Urano e Mercúrio, a vida volta ao normal, com seus hábitos de sempre. Vênus em Câncer e Marte em Touro vão favorecer o romantismo e os encontros prazerosos na vida amorosa.

De 1º a 10 de julho: Vênus e Saturno em harmonia nos signos de Água Câncer e Peixes, respectivamente, favorecem os relacionamentos sustentados por confiança, segurança e lealdade. Júpiter e Mercúrio mostram êxito em investimentos de curto prazo.

De 11 a 20 de julho: O planeta Urano está sendo estimulado por Sol e Marte na sua sétima casa, criando um dinamismo interessante para suas associações. É importante deixar as coisas fluírem com confiança, pois as mudanças já estão a caminho.

De 21 a 31 de julho: Marte em sextil com o Sol é um ciclo que traz bastante entusiasmo e assertividade ao âmbito profissional; suas ações serão assertivas e corajosas. Netuno e Sol propiciam uma visão mais abrangente e bem definida de tudo o que está ao seu redor.

De 1º a 10 de agosto: Sol e Júpiter corroboram a fase positiva e de expansão em seu trabalho; o reconhecimento que esperava já está acontecendo. Ótimo ciclo para sair com amigos e compartilhar opiniões e valores com aqueles que pensam como você.

De 11 a 20 de agosto: O planeta Saturno está pressionado nesta fase por Júpiter e Marte. Será interessante não assumir mais responsabilidades além daquelas que já tem. Você poderá ter preocupações com pessoas de mais idade e que necessitarão de seus cuidados.

De 21 a 31 de agosto: Mercúrio em Leão faz um ângulo tenso com Urano em Touro, que é o regente da Casa IV; essa configuração pode trazer imprevistos e alterações a sua rotina, e o melhor é exercitar sua capacidade de adaptação, pois tudo isso será passageiro.

De 1º a 10 de setembro: Marte e Netuno em tensão representam um ciclo no qual existem desinformação e intrigas que impedem a visão da verdade. O Sol em Virgem está debilitado por ângulos desafiadores e isso pode trazer falta de foco a suas metas e de confiança em si mesmo.

De 11 a 20 de setembro: É possível que a comunicação em geral esteja complicada nestes dias. Mas cabe a você continuar perseverando, priorizar suas ações e deixar de lado outras. Na caminhada da vida, às vezes é preciso mudar de rota e procurar por outros caminhos.

De 21 a 30 de setembro: Para este ciclo é aconselhável diminuir suas expectativas na relação com a pessoa amada, relativizando o que foi dito de forma intransigente. O Sol em trígono com Plutão, regente de seu signo solar, sinaliza sua força em transformar crenças limitantes, e assim acreditar que o amor vale a pena.

De 1º a 10 de outubro: O Sol em Libra está junto a Mercúrio, que faz agora trígono com Júpiter. Momento auspicioso para se comunicar mais em suas redes sociais, passar seu conhecimento adiante e divulgar seu trabalho com mais convicção. Ótimo para viagens rápidas de negócios ou lazer.

De 11 a 20 de outubro: A necessidade de comunicação ainda está em alta, e o retorno de seu esforço já está chegando. Na perspectiva amorosa, o período é de compreensão, harmonia e cumplicidade. Saia para namorar, dançar, se divertir; a vida é melhor com boas companhias.

De 21 a 31 de outubro: Saturno e Mercúrio sinalizam um momento propício para o aprendizado e aprofundamento de seus conhecimentos. Marte em trígono com Netuno mostra que seu sucesso depende muito de suas conquistas diárias e contínuas; siga em frente.

De 1º a 10 de novembro: É preciso saber discernir que está na hora de tomar decisões importantes em sua vida. Uma delas é fugir dos excessos na alimentação e de bebidas alcoólicas; não dá para relativizar esse assunto, pois o corpo em algum momento fará as devidas cobranças.

De 11 a 20 de novembro: A tendência deste período é que fique decepcionado com a vida, uma vez que as coisas não estão caminhando como gostaria. Faça uma reflexão para não precisar procurar culpados, a fim de entender o que está emperrando sua comunicação. Será um bom começo, acredite.

De 21 a 30 de novembro: Agora você já tem mais poder e controle sobre os acontecimentos, e isso representa um ganho em sua autoestima. O Sol em trígono com Marte é auspicioso para sua vitalidade em geral; faça mais exercícios, caminhadas, ou participe de competições, se for o caso.

De 1º a 10 de dezembro: Mercúrio retrógrado vai permitir uma reflexão positiva daquilo que o tem deixado contrariado. Porém, lembre-se de que a raiva afeta negativamente seu sistema imunológico. Trate de ser perseverante e não se preocupar muito com prazos; tudo tem hora certa para acontecer.

De 11 a 20 de dezembro: Mercúrio faz um trígono com Marte em Leão na sua Casa X, e o simbolismo astrológico mostra que isso se expressa em dinamismo na oratória e na comunicação em geral. Invista na divulgação de seu trabalho. E, quando encontrar os amigos, compartilhe as conquistas do ano!

De 21 a 31 de dezembro: Existe um trânsito planetário no céu que pode trazer obstáculos para a realização daquilo de que você gostaria neste final de ano. O mais aconselhável é ter jogo de cintura e se adaptar como pode; se possível, adie os planos de viagem.

SAGITÁRIO   22 de novembro – 21 de dezembro
EU ELEVO   PLANETA REGENTE: Júpiter
ELEMENTO: Fogo   QUALIDADE: Mutável
PEDRAS DE PROTEÇÃO: Ametista e lápis-lazúli

De 1º a 10 de janeiro: Este ciclo é oportuno para você dar uma repaginada em sua moradia. Objetos, roupas, documentos ou fotos sem serventia podem fazer parte de uma bela faxina, e isso trará mais dinamismo ao seu dia a dia. E, assim que possível, faça seus exames de saúde anuais.

De 11 a 20 de janeiro: O Sol atravessa a sua segunda casa e faz trígono com Urano. Bom momento para dar ares novos a seu ambiente de trabalho e também para investir em parcerias criativas. Mercúrio em Capricórnio fazendo sextil com Saturno em Peixes indica mais produtividade nos processos mentais.

De 21 a 31 de janeiro: O ciclo pede atenção com os excessos de alimentação, que tendem a prejudicar seu bem-estar; opte por uma dieta mais leve e saudável, com menos carboidratos e mais frutas e líquidos. Em tempos de calor, o corpo vai agradecer.

De 1º a 10 de fevereiro: Mercúrio em conjunção com Plutão traz certa tendência à introspecção, que pode ser benéfica em seu autoconhecimento. Vênus e Urano em harmonia mostram uma forte necessidade de renovar sua forma de se relacionar, preservando a liberdade.

De 11 a 20 de fevereiro: Júpiter e Mercúrio em signos fixos oferecem um "diálogo" planetário tenso entre si, marcando divergências de pontos de vista bem relevantes. É importante compreender que sua verdade não é a mesma para todos; seja mais tolerante.

De 21 a 29 de fevereiro: As questões difíceis do ciclo anterior serão agora encaminhadas de forma exitosa. Suas ideias podem ser colocadas em prática, pois você está mais consciente do que é viável ou não neste momento. Bom para o relacionamento com primos, irmãos e vizinhos.

De 1º a 10 de março: Urano em Touro está recebendo ângulos de tensão de Marte e Vênus, que estão em Aquário, na Casa III. Novamente você precisará ter mais cautela com suas palavras, controlando a irritabilidade com aquilo que não acontece no ritmo nem do jeito que você gostaria.

De 11 a 20 de março: Agora Sol e Urano criam outra frequência astrológica, motivando a criatividade; seu espírito está aberto a novidades e surpresas. Bom período também para organizar documentos, rever acordos, planejar viagens, participar de palestras *on-line* etc.

De 21 a 31 de março: Vênus está em conjunção com Saturno em Peixes na casa da família, de seu porto seguro, da vida doméstica. Você já pode assumir responsabilidades em relação àqueles que ama de forma mais confiante. Espere por encontros prazerosos com pessoas que conheceu no passado.

De 1º a 10 de abril: Mercúrio fica retrógrado nestes dias no signo de Áries. Você pode dar um novo significado a esse aspecto, vendo o lado positivo – reformular, rever, reconstruir e reconsiderar assuntos pendentes. Vênus, Netuno e Plutão em harmonia favorecem as relações sociais e pessoais.

De 11 a 20 de abril: Mercúrio e Sol encontram-se na quinta casa, trazendo a capacidade de executar suas ideias com mais coragem e determinação. Não tenha receio de se expor; refine seus argumentos para conseguir o que deseja. Mercúrio e Vênus juntos animam sua vida social.

De 21 a 30 de abril: Júpiter está em conjunção com Urano em Touro, sinalizando uma fase de mais criatividade em seu desempenho profissional. Marte e Netuno juntos mostram boa capacidade de síntese para finalizar seus projetos.

De 1º a 10 de maio: Plutão no início do signo de Aquário recebe aspectos de Vênus e Marte neste ciclo. Por um lado, existe a tendência de conflitos por ciúmes, que o deixarão contrariado. Por outro, há também a possibilidade de reconciliação se não ficar ruminando fantasias sem fundamento.

De 11 a 20 de maio: Há um *stellium* no signo de Touro que certamente intensificará seus impulsos de criatividade e eficiência no seu trabalho. É tempo de inovar e procurar novas soluções para antigos problemas. Confie mais na sua intuição, que sempre tem algo a dizer.

De 21 a 31 de maio: O Sol em Gêmeos na sétima casa faz trígono com Plutão na terceira. Você pode se surpreender com o surgimento de novos talentos. Esses recursos podem aparecer por meio de parcerias com pessoas diferenciadas que o estimularão a ir mais longe em seus propósitos.

De 1º a 10 de junho: Sol e Vênus juntos em Gêmeos todos estes dias seguem essa tendência positiva em relação a parcerias e associações produtivas e frutíferas. O importante é evitar a dispersão devido ao excesso de solicitações externas. Bom para viagens rápidas de negócios.

De 11 a 20 de junho: O ciclo atual é diferente do anterior e certamente vai exigir mais discernimento e pé no chão com as demandas em excesso. Cansaço e assuntos do passado pendentes podem reaparecer e exigir sua atenção. Evite gastos supérfluos e desnecessários.

De 21 a 30 de junho: Esta fase é oportuna para planejar o próximo semestre; invista mais em estudos de tecnologia para assim melhorar seu desempenho intelectual e profissional. Ouça os conselhos de pessoas mais experientes e sábias que você.

De 1º a 10 de julho: Saturno e Vênus em ângulo positivo favorecem os compromissos sociais e amorosos que demandam segurança e fidelidade. Júpiter, regente do seu signo solar, está em sextil com Mercúrio, estimulando contatos, viagens, estudos superiores e expansão da sua vida intelectual.

De 11 a 20 de julho: Marte, Sol e Urano conectados sinalizam energia e vitalidade; ótimo período para atividades físicas. Não procrastine tudo o que pode fazer pelo seu bem-estar. Viagens rápidas para lugares desconhecidos vão alegrar seu espírito aventureiro!

De 21 a 31 de julho: O Sol em Leão está em sua Casa IX, ativando seus interesses filosóficos, humanitários ou espirituais. Viagens de lazer e aprendizado estarão em alta; não desperdice oportunidades de evoluir e ampliar os horizontes culturais.

De 1º a 10 de agosto: Mercúrio e Vênus juntos em Virgem na décima casa sinalizam um ciclo favorável para tudo aquilo que desejar organizar de modo pragmático em suas metas profissionais. A diplomacia será a chave para o êxito em seus empreendimentos.

De 11 a 20 de agosto: O planeta Saturno encontra-se pressionado por Marte e Vênus, que estão em Gêmeos e Virgem, respectivamente. Os assuntos familiares podem exigir muito de sua energia para cuidar de pessoas mais idosas. Priorize suas tarefas, deixando de lado aquilo que não é urgente.

De 21 a 31 de agosto: As responsabilidades continuam e você terá sabedoria suficiente para equilibrar suas atividades. Vênus em trígono com Plutão na terceira casa estimula a divulgação de seu trabalho em redes sociais, viagens rápidas e o contato com primos, irmãos e vizinhos.

De 1º a 10 de setembro: O Sol faz oposição a Saturno, mostrando que o excesso de responsabilidades familiares pode tirar parte da sua energia para o trabalho. Procure priorizar as tarefas mais relevantes e adiar aquilo que não tem urgência. Em breve, tudo se resolverá.

De 11 a 20 de setembro: Vênus está fazendo um trígono com Júpiter, seu regente solar, que está no signo de Gêmeos. Momento auspicioso para expandir seus conhecimentos e relacionamentos. Sua curiosidade estará aguçada, assim como seu senso de humor. Evite o excesso de comidas processadas.

De 21 a 30 de setembro: Sol em Libra faz trígono com Plutão em Aquário, tornando esse período excelente para estruturar a vida financeira de forma mais inteligente e segura. Use a intuição e a perspicácia para não perder oportunidades quanto a novos investimentos. Mais disposição e vitalidade; aproveite bem.

De 1º a 10 de outubro: A movimentação na vida social continua em alta com a conjunção de Sol e Mercúrio na casa dos amigos e de planos para o futuro. Momento prazeroso para poder compartilhar suas ideias e projetos com aqueles que estão animados e na mesma sintonia que você.

De 11 a 20 de outubro: Nestes dias há no céu dois aspectos excelentes: entre Sol e Júpiter, e entre Vênus e Netuno. Ambos colocam em evidência seu espírito generoso e otimista, sempre voltado para causas humanitárias ou filosóficas. Aproveite para estudar e compartilhar tudo o que sabe com seu próximo.

De 21 a 31 de outubro: O planeta Marte recebe um sextil de Urano na sexta casa e um trígono de Netuno, que está na quarta casa. Momento dinâmico e favorável para cuidar da saúde e do bem-estar, focando em atividades físicas e alimentação nutritiva com mais líquidos, verduras e frutas frescas.

De 1º a 10 de novembro: Este ciclo tem aspectos contraditórios: de um lado uma tendência a criar fantasias negativas na vida a dois. De outro, você pode amadurecer esse vínculo com atitudes menos infantis, procurando ver mais qualidades e menos defeitos na pessoa amada.

De 11 a 20 de novembro: Imprevistos podem alterar sua rotina de trabalho. Fique atento a aparelhos eletrônicos, computador, celular; faça um backup de documentos importantes. Período benéfico para esclarecimentos de pendências afetivas ou familiares.

De 21 a 30 de novembro: Saturno e Vênus em sextil indicam um período positivo para organizar sua vida financeira, ou fazer investimentos de longo prazo. O Sol faz trígono com Marte, apontando para uma fase de grande vitalidade e entusiasmo, que atrairá oportunidades para você seguir em seu desenvolvimento espiritual.

De 1º a 10 de dezembro: Saturno agora recebe aspectos difíceis de Sol e Mercúrio, o que vai lhe exigir mais interiorização e aceitação de contrariedades. Mantenha sua dignidade e saiba perdoar alguma ofensa que tenha machucado seu coração.

De 11 a 20 de dezembro: Marte no signo de Leão em bom aspecto com Mercúrio em Sagitário, ambos signos de Fogo, trarão mais energia e confiança àquilo que você fala e faz. Período de assertividade e coragem para tocar seus planos para a frente ou, quem sabe, fazer alguma viagem ao exterior.

De 21 a 31 de dezembro: No céu estelar temos uma quadratura entre Júpiter e Saturno no final do período, o que pode significar frustração por planos que não deram certo. Assim, exercite mais o jogo de cintura, adaptando-se às circunstâncias do momento.

Previsões Astrológicas por Signo em 2024

CAPRICÓRNIO
EU CONQUISTO
ELEMENTO: Terra
PEDRAS DE PROTEÇÃO: Magnetita e ônix
22 de dezembro – 20 de janeiro
PLANETA REGENTE: Saturno
QUALIDADE: Cardinal

De 1º a 10 de janeiro: Neste ciclo você pode passar por instabilidades psíquica e emocional. Situações confusas, diálogos sem objetividade e ressentimentos virão à tona para serem esclarecidos. Não tome decisões definitivas nem acredite em suas fantasias.

De 11 a 20 de janeiro: Esta fase é propícia para tudo o que deseja inovar em seu trabalho, para divulgar suas ideias e talentos nas redes sociais. Você poderá exercer sua criatividade sem receio de se expor demais. Aproveite o verão para fazer dietas detox, com frutas, líquidos e chás.

De 21 a 31 de janeiro: Alguns resquícios de mágoa ainda podem deixá-lo contrariado e abatido. Exercite a compaixão e a tolerância, sem julgar demais aqueles que querem seu bem. A autoestima é a chave para seu bem-estar.

De 1º a 10 de fevereiro: Agora você é capaz de expressar em palavras seus sentimentos e percepções com mais clareza. A vida a dois pode ter ares de renovação, e isso vai depender de deixar o passado para trás. Ótimo momento para o lazer, a vida cultural ou o entretenimento em geral.

De 11 a 20 de fevereiro: Nesta fase, você pode experimentar um despertar de consciência de seus talentos e capacidades adormecidos. É possível que isso tenha a ver com novos contatos e amizades que estimularão seu espírito pela busca de novidades.

De 21 a 29 de fevereiro: Mercúrio, Sol e Saturno estão juntos no signo de Peixes e fazem sextil com Júpiter em Touro. A sinergia desses ângulos planetários é propícia para seu autoconhecimento e para buscar a sabedoria de tradições espirituais relevantes. Confie mais na sua intuição.

De 1º a 10 de março: Júpiter em Touro e Sol em Peixes sinalizam uma fase de mais confiança e otimismo em relação à vida em geral. Período especial também para a vida amorosa. Não fique dando desculpas esfarrapadas; saia para se divertir mais, com boas companhias.

De 11 a 20 de março: Mercúrio entra no signo de Áries e faz sextil com Plutão em Aquário. Um ciclo benéfico para estudar e aprofundar seus conhecimentos em temas místicos ou esotéricos que promovam seu crescimento. Positivo ainda para viagens rápidas, a fim de descansar a mente e o corpo.

De 21 a 31 de março: Este momento também é auspicioso para o aprendizado de temas de seu interesse. Excelente para investir na vida cultural, viajar, fazer novos amigos, dançar ao som de boa música, ou seja, tudo o que faz bem ao espírito.

De 1º a 10 de abril: Vênus também adentra o signo de Áries, e isso deve deixá-lo mais animado e assertivo nos assuntos do coração; se dê permissão para mostrar seus sentimentos e desejos. Fase intensa nas relações familiares; aproveite para receber parentes queridos em sua casa.

De 11 a 20 de abril: A conjunção de Sol e Mercúrio na quarta casa mostra que a movimentação doméstica continua forte. Excelente também para viajar, expandir seus horizontes, conhecer lugares e pessoas diferentes no dia a dia. Mantenha o espírito aberto a novas aventuras.

De 21 a 30 de abril: O céu estelar nos mostra uma conjunção de Júpiter e Urano em Touro em sua quinta casa. É tempo de acreditar nas bênçãos do amor, assumir compromissos estáveis e, claro, ficar feliz ao lado da pessoa amada.

De 1º a 10 de maio: Sol em Touro faz aspecto positivo com Saturno, seu regente solar. Neste período você poderá assumir responsabilidades maiores e levá-las até o fim. A sensação de que pode dirigir sua vida com mais determinação aumentará sua autoestima; vá em frente.

De 11 a 20 de maio: Vênus e Sol farão uma conjunção com Urano em Touro, todos ocupando a quinta casa, ampliando o *stellium* que está neste signo. Provavelmente você poderá perceber um aumento do amor-próprio, assim como o desejo de usufruir das boas coisas da vida.

De 21 a 31 de maio: O planeta Netuno está em sua terceira casa, recebendo bons aspectos de Sol, Vênus e Júpiter. É provável que sua atenção esteja mais voltada a temas espirituais, místicos ou humanitários. Ótimo momento para viagens, em especial próximo a praia, cachoeiras ou rios.

De 1º a 10 de junho: Júpiter está em aspecto favorável com Plutão em Aquário; Sol e Vênus estão em conjunção no signo de Gêmeos. Essas configurações planetárias sinalizam grande força de atração pessoal, empatia e presença de espírito, o que é muito cativante para todos.

De 11 a 20 de junho: É possível que seu bom desempenho dos últimos dias desperte um sentimento de rivalidade ao seu redor. Procure se preservar e se cercar de pessoas nas quais realmente confie; por outro lado, diminua as expectativas muito altas ou mesmo fantasiosas em sua vida amorosa.

De 21 a 30 de junho: Mercúrio está em Câncer em trígono com Saturno em Peixes. Momento de mais maturidade emocional, ótimo para o aconselhamento com pessoas mais experientes. Vênus favorece bons diálogos e os relacionamentos sociais e familiares.

De 1º a 10 de julho: Mercúrio adentrou o signo de Leão e faz oposição a Plutão e sextil a Júpiter em Gêmeos. Por um lado, é preciso tomar cuidado com palavras duras que possam provocar reações negativas. Por outro, sabendo dessa tendência, exerça uma postura conciliadora sempre que possível.

De 11 a 20 de julho: O planeta Urano, que está em sua Casa V, recebe aspectos de Marte e Sol. Neste ciclo, você pode reformular suas ações e metas com suas parcerias. Essa configuração astral traz alegria de viver e mais vitalidade para alcançar seus objetivos com confiança.

De 21 a 31 de julho: Sol e Marte em sextil seguem a tendência do ciclo anterior, mostrando mais motivação, coragem e obstinação para seguir com seus empreendimentos. Bom também para tudo o que deseja reformar ou embelezar em sua moradia; vá em frente.

De 1º a 10 de agosto: Momento oportuno para tratar de assuntos jurídicos com êxito, caso seja necessário. Não procrastine suas atividades ou exercícios físicos, pois o Sol faz bons aspectos com Júpiter na sua casa da saúde. Fuja do excesso de bebidas alcoólicas e carboidratos.

De 11 a 20 de agosto: Vênus e Marte em Virgem estão pressionando Netuno em Peixes. Fique atento a uma tendência melancólica ou saudosista, que pode causar uma baixa em sua imunidade. Procure se cercar de pessoas positivas, tomar mais sol e se alimentar de modo saudável.

De 21 a 31 de agosto: Nesta fase é necessário deixar de lado expectativas muito altas em relação a pessoas próximas, e ser mais tolerante e paciente, uma vez que ninguém é perfeito. Fique atento aos gastos feitos por impulso, que poderão prejudicar seu orçamento.

De 1º a 10 de setembro: O Sol faz oposição a Saturno, e Marte faz trígono com Netuno no céu estelar. Este ciclo ainda demanda atenção com sua saúde física e psíquica. Alimente seu espírito com imagens alegres, fugindo dos noticiários repletos de negatividade. Evite a automedicação.

De 11 a 20 de setembro: Vênus está no signo de Libra em trígono com Júpiter em Gêmeos na sexta casa. Agora você vive uma fase de mais confiança em si mesmo. Sol em trígono com Urano sinaliza um ciclo de mais curiosidade, motivação para a vida social e interesses renovados; siga em frente.

De 21 a 30 de setembro: Plutão e Sol em harmonia evidenciam um ciclo em que surgem novas metas e propósitos que demandarão mais eficiência de sua parte. Novas amizades poderão ser o apoio necessário para essa transformação produtiva e criativa.

De 1º a 10 de outubro: Sol e Mercúrio em Libra estão na sua casa da profissão, ampliando sua capacidade de brilhar e atrair oportunidades para a carreira. Não desperdice a chance de investir em estudos; participe de aulas ou seminários, ampliando assim sua visão de mundo.

De 11 a 20 de outubro: O planeta Vênus está recebendo bons aspectos de Netuno em Peixes e Plutão em Capricórnio. Assim sendo, cuide mais de sua aparência e bem-estar em geral, pois tudo é importante. Vênus está na casa dos amigos, movimentando a vida social, cultural e o lazer em geral.

De 21 a 31 de outubro: Saturno, seu regente solar, faz um trígono com Mercúrio em Escorpião, sinalizando um ciclo produtivo para todo tipo de trabalho intelectual e seus negócios. Divulgue mais seus talentos em redes sociais; um bom trabalho de comunicação trará frutos em breve.

De 1º a 10 de novembro: O mês tem início com uma oposição entre Marte em Câncer e Plutão em Capricórnio. Problemas familiares antigos podem vir à tona para serem esclarecidos; é importante não se desviar deles. Por outro lado, Sol em trígono com Saturno sugere o aconselhamento com pessoas mais idosas.

De 11 a 20 de novembro: Neste período há certa tendência de sobrecarga de responsabilidades, o que deve deixá-lo estressado ou desmotivado. Faça o que for possível, delegando ou adiando uma parte delas. Procure se cuidar, fazendo caminhadas ou recebendo uma boa massagem para relaxar.

De 21 a 30 de novembro: O Sol em Sagitário em trígono com Marte em Leão traz um novo ânimo e vitalidade física; agora você está apto para atitudes mais corajosas. Sempre é bom lembrar que o amor-próprio é a solução para muitas dificuldades. Bom período para o relacionamento familiar.

De 1º a 10 de dezembro: Caso voltem alguns problemas crônicos de saúde, não desanime. Diminua o ritmo de suas atividades, focando só naquilo que é essencial. Solicitar ajuda e apoio sempre é sinal de inteligência emocional. Deixe o orgulho de lado!

De 11 a 20 de dezembro: Vênus em oposição a Marte indica que pode haver falta de compreensão na vida a dois; não coloque mais lenha na fogueira, evitando discussões inúteis. Mantenha-se centrado naquilo que está dando certo, e espere outro momento para diálogos mais inteligentes.

De 21 a 31 de dezembro: O céu estelar nos mostra um ângulo de tensão entre Júpiter em Gêmeos e Saturno em Peixes. Esse ângulo pode sinalizar dificuldades em concretizar aquilo que havia planejado, mas isso independe de sua vontade. Faça o que estiver ao seu alcance e fique sempre ao lado de boas companhias!

AQUÁRIO 21 de janeiro – 19 de fevereiro
EU CONHEÇO PLANETA REGENTE: Urano
ELEMENTO: Ar QUALIDADE: Fixo
PEDRAS DE PROTEÇÃO: Fluorita e sodalita

De 1º a 10 de janeiro: Neste ciclo astral temos aspectos difíceis que podem afetar sua autoestima e, por consequência, a qualidade de suas relações. Fique atento a isso, avaliando as conquistas que já fez, e sem se criticar em excesso; afinal, somos todos imperfeitos!

De 11 a 20 de janeiro: O Sol em trígono com Urano em sua quarta casa indica uma energia de renovação presente na vida familiar. Aproveite para fazer melhorias em sua casa, se for necessário. Ótimo também para colocar em perspectiva a vida financeira neste ano que se inicia.

De 21 a 31 de janeiro: Sol e Plutão estão juntos em Aquário, que é seu signo solar. Momento auspicioso para acreditar e assumir seu poder pessoal, sabendo que é capaz de transformar seus sonhos e desejos em realidade. Siga em frente!

De 1º a 10 de fevereiro: O ângulo positivo entre Vênus e Urano promete impulsos inovadores nos relacionamentos em geral. Ótimo para fazer viagens ao exterior, ampliar e diversificar a vida cultural, e desfrutar de eventos artísticos.

De 11 a 20 de fevereiro: Plutão está recebendo estímulos interessantes de Vênus e Marte que transitam em Aquário. Esses ângulos promovem mudanças relacionadas a sua vida profissional. Reformular, questionar e avançar são as dicas planetárias para esta fase, e, claro, uma certa dose de ousadia também vai bem!

De 21 a 29 de fevereiro: Sol, Mercúrio e Saturno estão no signo de Peixes, ativando sua casa das finanças, assim como assuntos relativos a patrimônio familiar e bens imóveis. Tudo o que fizer em benefício dos familiares será muito apreciado e valorizado por todos.

De 1º a 10 de março: Júpiter e Sol em sextil sinalizam um ciclo de expansão na área econômica. Seu espírito confiante e otimista vai atrair oportunidades; fique atento quando elas surgirem. Ótima fase para rever amigos de longa data.

De 11 a 20 de março: Plutão em Aquário e Mercúrio em Áries estão promovendo movimentação, interação social, mais curiosidade, bons negócios e viagens rápidas. Excelente período para estudar, participar de seminários e das redes sociais de forma mais criativa, e, se for o caso, vender e divulgar seus negócios.

De 21 a 31 de março: Saturno e Vênus em Peixes indicam um ciclo de mais maturidade na vida emocional. É a hora adequada para assumir um compromisso importante na vida pessoal. Júpiter, regente da Casa XI, expande sua vida social e renova sua fé em um ano promissor.

De 1º a 10 de abril: Mercúrio está retrógrado e torna este ciclo propício para rever e reavaliar seus planos e projetos, ou seja, aperfeiçoá-los para ter melhores resultados no futuro. As contrariedades e contratempos da vida sempre fortalecem o espírito e a força de vontade de todos.

De 11 a 20 de abril: Vários planetas em Áries sinalizam um ciclo de mais coragem, assertividade e criatividade no plano mental. Aproveite para circular, sair, fazer bons negócios, viajar e aprender coisas interessantes.

De 21 a 30 de abril: Temos nesta fase a presença de Júpiter ao lado de Urano em Touro, em sua quarta casa. Momento de inovação e originalidade; siga sua intuição quanto a novos empreendimentos. Bom para reformar ou mudar de moradia, criando melhores condições de vida para seus familiares.

De 1º a 10 de maio: Marte em sextil com Plutão traz energia e capacidade de ação, eficiência e determinação a sua vida profissional. Ótima fase para buscar conselhos com pessoas mais experientes e capacidade de discernimento, e para fazer planos de longo prazo.

De 11 a 20 de maio: Sol e Vênus estão agora em Touro, ao lado de Urano, o planeta regente de seu signo solar. Esse aspecto promove uma boa relação com o mundo sensorial, vale dizer, a necessidade de cuidar ou embelezar o corpo, fortalecendo a autoestima e a confiança na vida.

De 21 a 31 de maio: O Sol em Gêmeos em trígono com Plutão em Aquário torna estes dias auspiciosos para você usufruir mais da vida amorosa, do contato com os filhos e da boa companhia dos amigos. Vênus e Netuno favorecem especialmente o contato com o elemento Água, ou seja, rios, cachoeiras e praias.

De 1º a 10 de junho: Vênus e Sol juntos em Gêmeos no céu estelar continuam propiciando um período de alegria na interação social e na vida sentimental, com oportunidades de mais lazer ou entretenimento. Júpiter e Plutão em harmonia ampliam sua necessidade de comunicação e aprendizado, assim como o otimismo e a confiança na vida.

De 11 a 20 de junho: Este ciclo apresenta muitas quadraturas com Saturno, que está em Peixes, acentuando um tempo de retração e contrariedades, quando sua resiliência é posta à prova. Faça uma avaliação de suas atitudes, mas sem se tornar refém da tristeza ou melancolia.

De 21 a 30 de junho: Vênus está em Câncer fazendo sextil com Marte que está em Touro. Esse ângulo favorece muito os prazeres da vida amorosa, em que pode compartilhar planos para o futuro com mais segurança com a pessoa amada. Vá em frente, sem medo de ser feliz.

De 1º a 10 de julho: Nesta fase é mais conveniente tomar cuidado com a intolerância e palavras mais ríspidas, que afastam ou ferem pessoas queridas. Mas você pode recuar e rever seus pontos de vista, demonstrando assim maturidade emocional e bom senso.

De 11 a 20 de julho: Urano e Saturno fazem bons ângulos com o Sol, que está agora no signo de Câncer. Neste ciclo há a possibilidade de integração e harmonia com assuntos do passado que visem o futuro. É hora de usar a sabedoria já adquirida em sua vida!

De 21 a 31 de julho: O Sol em Leão faz sextil com Marte em Gêmeos. Esse ângulo indica um aumento de vitalidade, alegria de viver, curiosidade e coragem para o que der e vier. Excelente para investir em assuntos de natureza espiritual que ampliem sua visão e entendimento do mundo.

De 1º a 10 de agosto: Júpiter e Sol em bom aspecto no céu estelar sinalizam mais autoconfiança, eloquência, agilidade e presença de espírito para ter êxito em parcerias momentâneas. Mercúrio e Vênus em Virgem dão um bom suporte de pragmatismo e objetividade em tudo o que quiser realizar.

De 11 a 20 de agosto: O planeta Saturno está agora pressionado por três planetas: Júpiter, Marte e Vênus. Isso torna o ciclo mais propício a introspecção e reflexão. O ritmo da vida se desacelera, e é importante não assumir responsabilidades além daquelas com as quais já se comprometeu.

De 21 a 31 de agosto: Urano e Vênus em trígono trazem mais disposição para modificar o que for necessário, com o treino do desapego, sabendo que a vida é feita de mudanças. Vênus e Plutão sinalizam um período rico para conhecer outras culturas que beneficiem seu espírito.

De 1º a 10 de setembro: A fase de Lua Nova e o ângulo difícil entre Sol e Saturno podem deixá-lo mais nostálgico, o que pode afastá-lo um pouco do convívio social. Não assuma compromissos que estiverem além de sua capacidade.

De 11 a 20 de setembro: Vênus está em Libra em trígono com Júpiter em Gêmeos. Agora você tem mais leveza de espírito. Aproveite para estar com crianças e jovens, ver exposições ou eventos artísticos que façam bem à alma. Se possível, programe uma viagem de lazer!

De 21 a 30 de setembro: Sol em Virgem em trígono com Plutão em Capricórnio impulsiona sua atividade profissional com ações eficientes e direcionadas, que prometem bons resultados. Marte em trígono com Saturno em signo de Água ratifica uma tendência realista e responsável nas relações familiares.

De 1º a 10 de outubro: Júpiter em Gêmeos e Mercúrio em Libra trazem um momento excelente para expandir e aperfeiçoar seus conhecimentos, sejam de natureza acadêmica, espiritual ou filosófica. Vênus em Escorpião propicia mais profundidade e compromisso aos relacionamentos.

De 11 a 20 de outubro: A oposição entre Urano e Vênus sugere que pode haver conflitos de interesse entre suas atividades familiares e profissionais. Tudo certamente será equacionado com mais discernimento e paciência. Evite alimentos processados, que prejudicam o sistema digestivo.

De 21 a 31 de outubro: O planeta Marte recebe um sextil de Urano em Touro e um trígono de Netuno em Peixes. Essa configuração planetária significa clareza, empatia, intuição e assertividade no ambiente de trabalho. Sua autoconfiança vai estimular também os colegas.

De 1º a 10 de novembro: Sua eficiência e produtividade podem causar certa inveja ao redor, mas siga em frente com seus propósitos. De qualquer forma, proteja-se de ambientes pesados e conversas inúteis no trabalho, pois sua energia será drenada sem que consiga perceber.

De 11 a 20 de novembro: As contrariedades e frustrações na relação com amigos podem deixá-lo retraído e frustrado. Será um ciclo importante para saber quem realmente está ou não do seu lado. Fique de olho na vida financeira e em gastos mal direcionados ou supérfluos.

De 21 a 30 de novembro: Agora o Sol está em Sagitário, na casa dos amigos, em sextil com Plutão em Aquário. Certamente os assuntos do ciclo anterior devem se resolver, e você vai superar suas decepções. Marte na sétima casa dinamiza seu dia a dia com parcerias ou encontros interessantes.

De 1º a 10 de dezembro: Nestes dias é importante continuar atento aos gastos excessivos do final de ano. Será interessante não se envolver em discussões polêmicas, pois poderá ser mal interpretado em suas opiniões. Tenha um "plano B" para os festejos do final de ano.

De 11 a 20 de dezembro: Mercúrio volta ao seu movimento direto, facilitando acordos, encontros e a comunicação em geral. O cansaço de fim de ano pode trazer instabilidades na vida a dois, mas será tudo circunstancial e sem importância se puder apostar mais no bom humor.

De 21 a 31 de dezembro: O final deste ano apresenta um aspecto tenso no céu entre Júpiter em Gêmeos e Saturno em Peixes, que são dois signos mutáveis. Desta feita, fica mais difícil concretizar o que foi planejado, e isso independe de sua vontade. Procure se adaptar ao que vier; fique ao lado de pessoas queridas!

PEIXES — 20 de fevereiro – 20 de março
EU CREIO
ELEMENTO: Água
PLANETA REGENTE: Netuno
QUALIDADE: Mutável
PEDRAS DE PROTEÇÃO: Água-marinha e turquesa

De 1º a 10 de janeiro: Netuno, que é seu regente solar, está pressionado por Mercúrio na primeira casa. Fique mais atento à sua saúde, que pode demandar cuidados. Evite alimentação pesada, bebidas alcoólicas e, sobretudo, a automedicação.

De 11 a 20 de janeiro: Urano e Sol estão em ângulo favorável, propiciando um bom momento para viagens de lazer e contato com primos e amigos. Aproveite para ir a lugares desconhecidos e desfrutar das surpresas dessas descobertas.

De 21 a 31 de janeiro: O ciclo ainda exige mais atenção aos excessos em geral; talvez seja preciso desacelerar o ritmo de suas atividades. Seja mais comedido com gastos supérfluos, que podem comprometer seu orçamento já no início do ano!

De 1º a 10 de fevereiro: Mercúrio e Plutão em Aquário devem abrir sua mente para assuntos futuristas e inovadores, que abraçam a visão holística do mundo e da natureza em geral. Siga sua intuição e esteja mais aberto às sincronicidades.

De 11 a 20 de fevereiro: Plutão segue estimulado, e agora por Vênus e Marte, que também estão em Aquário. O mundo oferece a você experiências de mais liberdade e criatividade, em que sua consciência estará desperta para outros níveis de realidade.

De 21 a 29 de fevereiro: Mercúrio e Sol em conjunção a Saturno em Peixes é uma configuração auspiciosa para o seu processo evolutivo. Busque mais conhecimentos de ordem espiritual, filosófica ou humanitária, que podem trazer mais significado e beleza ao seu cotidiano.

De 1º a 10 de março: O Sol em Peixes faz sextil com Júpiter em Touro, sinalizando uma fase mais produtiva em sua vida profissional. Ciclo de expansão, oportunidade e crescimento, ótimo para planejar e sedimentar os próximos passos com resultados promissores.

De 11 a 20 de março: O ciclo de novidades e mais criatividade continua em alta. Acredite em seu poder pessoal e na capacidade de influenciar positivamente as pessoas próximas. Fase de mais energia e vitalidade para vencer desafios.

De 21 a 31 de março: Vênus faz bons aspectos com Saturno e Júpiter, e esses ângulos sinalizam a possibilidade de pensar e tomar decisões com base em experiências do passado, trazendo-lhe assim mais segurança. Por outro lado, sua fé e otimismo, estão canalizando essa energia exitosa.

De 1º a 10 de abril: Mercúrio entra em movimento retrógrado, mas não se preocupe se o ritmo da vida desacelerar. Será positivo para rever e aperfeiçoar seus planos para o futuro. Delegue a outra pessoa algumas responsabilidades para não se estressar sem necessidade.

De 11 a 20 de abril: Sol, Mercúrio e Vênus estão em Áries, movimentando sua segunda casa. Esse *stellium* imprime força, coragem e determinação para organizar as finanças. Acredite em suas ideias, lembrando que a vida sempre se curva às suas expectativas.

De 21 a 30 de abril: No céu estelar Júpiter faz conjunção a Urano em Touro na terceira casa. Bom para assistir palestras, estudar, viajar e ampliar seu repertório intelectual de modo pragmático e realista. Esse aspecto é corroborado também pelo movimento direto de Mercúrio em 25 de abril.

De 1º a 10 de maio: Neste período, o ângulo feito por Vênus e Plutão em tensão pode não favorecer sua vida amorosa. Assuntos pendentes ou ressentimentos do passado virão à tona para serem esclarecidos. Os processos de cura são dolorosos, mas também libertadores.

De 11 a 20 de maio: Vênus e Sol em conjunção a Urano indicam que é possível seguir com firmeza em seu propósito de avançar e mudar o que for necessário para evoluir espiritualmente. O aconselhamento com pessoas de mais idade e experiência será fundamental na ampliação de sua visão de mundo.

De 21 a 31 de maio: Netuno e Plutão fazem aspecto com o Sol, que rege sua sexta casa e está na terceira. Momento excelente para práticas espirituais e exercitar a meditação, que sempre aponta caminhos internos para você sair das artimanhas mentais rotineiras, fortalecendo assim sua fé.

De 1º a 10 de junho: Sol e Vênus em Gêmeos na sua quarta casa enaltecem as possibilidades de convivência pacífica e comunicação suave, propiciando boa vontade e diplomacia entre todos. Júpiter e Plutão acentuam a necessidade de autoconhecimento, fundamental para ser uma presença positiva no mundo.

De 11 a 20 de junho: O planeta Saturno está bem pressionado nestes dias. Essas configurações planetárias demandarão bastante disciplina e resiliência para superar os obstáculos do cotidiano, além da aceitação pacífica de que nem tudo acontece no ritmo planejado.

De 21 a 30 de junho: Agora temos Mercúrio em Câncer em sextil com Urano e em trígono com Saturno no céu estelar. Esses aspectos abrem caminhos para decisões assertivas, com mais eficiência e concentração. Vênus e Marte favorecem a vida amorosa, os encontros prazerosos e muita cumplicidade.

De 1º a 10 de julho: Neste ciclo, a oposição entre Mercúrio e Plutão pode dificultar a comunicação. Procure ser mais claro com as palavras e menos dispersivo naquilo que pretende, tanto para si quanto para os outros. Saturno em trígono com Vênus favorece o encontro com amigos queridos de longa data.

De 11 a 20 de julho: Sol em Câncer em sextil com Urano em Touro e em trígono com Saturno em Peixes tem como pressuposto a vida mais movimentada. Ótimo momento para festejos familiares e celebrações sociais; excelente também para viagens a lugares ainda desconhecidos. Esteja receptivo ao inusitado.

De 21 a 31 de julho: Júpiter em sextil com Vênus vai dar continuidade a essa fase dinâmica e alegre no contexto sociofamiliar. Sol em Leão em sextil com Marte propicia mais energia, criatividade no trabalho, decisões originais, presença de espírito e agilidade para resolver problemas.

De 1º a 10 de agosto: Júpiter, o regente da décima casa, está em sextil com o Sol, sinalizando um ciclo de maior capacidade de planejamento da carreira, propício também para fazer graduações. Fique atento a oportunidades de expandir suas possibilidades de atuação. Cuide melhor da alimentação.

De 11 a 20 de agosto: Urano em quadratura com Mercúrio é um ângulo celeste que causa ansiedade, tensão e urgências que podem atrapalhar os relacionamentos e acordos. Procure relaxar, respirar melhor, dar tempo ao tempo, sem querer acelerar o ritmo das outras pessoas.

De 21 a 31 de agosto: Urano e Vênus em trígono trazem um ciclo de renovação nos relacionamentos, bom para parcerias originais e produtivas. Tratamentos estéticos, dietas mais nutritivas, acupuntura e massagens estão favorecidos; o corpo e a saúde vão agradecer.

De 1º a 10 de setembro: Você pode estar mais sensível a eventos externos, que o atingirão intensamente. É preciso se preservar, evitando notícias ruins, conversas inúteis e intrigas. Adie as decisões importantes e não assuma compromissos além daqueles que já tem.

De 11 a 20 de setembro: O período de contrariedades já terminou. Agora você está apto para planejar e decidir tudo com mais clareza e determinação. Vênus em Libra em trígono com Júpiter em Gêmeos traz a promessa de intensificar de sua vida cultural e social, e sobretudo amorosa, pois ninguém é de ferro.

De 21 a 30 de setembro: O Sol em Virgem faz trígono com Plutão em Capricórnio, ambos signos de Terra. Eles expressam maior capacidade para o trabalho, eficiência e realizações importantes. Agora você tem mais poder pessoal para influenciar seus amigos e colegas de forma positiva e significativa.

De 1º a 10 de outubro: Temos agora uma conjunção de Mercúrio e Sol em Libra, o que torna este período bem fértil para a disseminação e o compartilhamento de ideias e informações importantes que estimulem seu aperfeiçoamento profissional e, paralelamente, sua vida social e intelectual.

De 11 a 20 de outubro: Sol e Júpiter em ângulo favorável beneficiam decisões relativas a patrimônio familiar, bens imóveis e investimentos. Vênus recebe bons aspectos planetários, que trazem impulsos de inspiração, confiança e cumplicidade em relação à pessoa amada.

De 21 a 31 de outubro: Marte em Câncer recebe bons aspectos de Netuno e Urano, direcionando seus interesses para temas espirituais, humanitários ou holísticos. Aproveite para participar de lives e seminários em que possa trocar experiências com pessoas afinadas com essa busca.

De 1º a 10 de novembro: A oposição entre Marte e Plutão no céu tende a deixar os ânimos mais exaltados; é preciso estar atento para não ser refém de sentimentos destrutivos e negativos. Estes dias pedem autocontrole emocional e distanciamento de situações-limite.

De 11 a 20 de novembro: O Sol em Escorpião faz oposição a Urano em Touro, o que pode deixar seu cotidiano sujeito a imprevistos causados pela falta de (ou danos a) aparelhos eletrônicos, carros, celular etc. Modifique sua rotina e horários para se organizar, mas sem buscar por culpados!

De 21 a 30 de novembro: A configuração planetária sinaliza um bom momento para planejar a viagem com a qual você vem sonhando há tempos. Saturno e Vênus favorecem o reencontro com amigos do passado com os quais se sinta feliz e confiante.

De 1º a 10 de dezembro: O Sol fazendo oposição a Júpiter e em quadratura com Saturno mostra um ciclo de dificuldades de integração entre atividades profissionais e demandas familiares. O melhor antídoto para isso são jogo de cintura e bom humor, e não se exigir nem se criticar por aquilo que está além de suas capacidades.

De 11 a 20 de dezembro: O período mostra uma oposição entre Vênus em Aquário e Marte em Leão, que antecede a Lua Cheia. Desta feita, no contexto da vida amorosa, o melhor é não colocar mais lenha na fogueira, pois as emoções estão à flor de pele e não é a hora adequada para críticas nem exigências sem fundamento.

De 21 a 31 de dezembro: O céu estelar pode apresentar situações em que o que havia sido planejado pode não acontecer; se tiver um "plano B", tanto melhor. Não podemos controlar certas circunstâncias, e por isso mesmo o melhor será estar com boas companhias para celebrar o ano que vem chegando.

Descubra o seu Ascendente

O signo solar representa o potencial de nossa vida. Saber isso, no entanto, não basta. Para termos uma visão completa das possibilidades com que os astros nos acenam, precisamos levar em conta todo o Sistema Solar, tal como ele se apresenta no mapa astral. Talvez o Sol seja o corpo celeste mais importante na Astrologia, pois ele mostra nossa personalidade mais profunda; no entanto, é imprescindível conhecer o signo que, na hora e no local do nosso nascimento, despontava no horizonte leste. Esse é o signo Ascendente, que determinará o "horizonte" pessoal, ou seja, nosso ponto de vista particular com relação à vida.

A seguir serão apresentadas tabelas práticas e fáceis com as quais você poderá descobrir, *com precisão relativa*, qual é o seu Ascendente. Caso o Ascendente indicado na tabela não corresponda muito bem à sua personalidade, verifique também os signos imediatamente anterior e posterior.

Como usar as tabelas

❶ Descubra na Tabela 1 se você nasceu no horário de verão. Nesse caso, subtraia 1 hora do horário do seu nascimento.
❷ De acordo com o Estado em que você nasceu, some ou subtraia do horário do seu nascimento o número indicado na coluna de correção de horário constante da Tabela 2.
❸ Consulte a Tabela 3 caso você tenha nascido no período diurno, ou Tabela 4, caso seu nascimento tenha ocorrido no período noturno.
❹ Encontre seu signo solar na primeira coluna.
❺ Siga pela linha do seu signo solar até a coluna que apresenta a hora aproximada do seu nascimento.

TABELA 1
Períodos em que o horário de verão foi adotado
03 out. 31, às 11h00 a 31 mar. 32, às 24h00
03 out. 32, às 23h00 a 31 mar. 33, às 24h00
01 dez. 49, à 00h00   a 16 abr 50,   às 24h00
01 dez. 50, à 00h00   a 28 fev. 51, às 24h00
01 dez. 51, à 00h00   a 28 fev. 52, às 24h00
01 dez. 52, à 00h00   a 28 fev. 53, às 24h00
23 out. 63, à 00h00   a 01 mar. 64, as 24h00[1]
09 dez. 63, à 00h00   a 01 mar. 64, às 24h00[2]
31 jan. 65, à 00h00   a 31 mar. 65, às 24h00
30 nov. 65, à 00h00   a 31 mar. 66, às 24h00
01 nov. 66, à 00h00   a 01 mar. 67, às 24h00
01 nov. 67, à 00h00   a 01 mar. 68, às 24h00
02 nov. 85, à 00h00   a 15 mar. 86, às 24h00
24 out. 86, à 00h00   a 14 fev. 87, às 24h00
25 out. 87, à 00h00   a 07 fev. 88, às 24h00
16 out. 88, à 00h00   a 29 jan. 89, às 24h00
15 out. 89, à 00h00   a 11 fev. 90, às 24h00
21 out. 90, à 00h00   a 17 fev. 91, às 24h00
20 out. 91, à 00h00   a 19 fev. 92, às 24h00
25 out. 92, à 00h00   a 31 jan. 93, às 24h00
17 out. 93, à 00h00   a 20 fev. 94, às 24h00
16 out. 94, à 00h00   a 19 fev. 95, às 24h00
15 out. 95, à 00h00   a 11 fev. 96, às 24h00
06 out. 96, à 00h00   a 16 fev. 97, às 24h00
06 out. 97, à 00h00   a 01 mar. 98, às 24h00
11 out. 98, à 00h00   a 21 fev. 99, às 24h00
03 out. 99, à 00h00   a 27 fev. 00, às 24h00
08 out. 00, à 00h00   a 18 fev. 01, às 24h00
14 out. 01, à 00h00   a 17 fev. 02, às 24h00
03 nov. 02, à 00h00   a 16 fev. 03, às 24h00
18 out. 03, à 00h00   a 14 fev. 04, às 24h00
02 nov. 04, à 00h00   a 20 fev. 05, às 24h00
16 out. 05, à 00h00   a 18 fev. 06, às 24h00
05 nov. 06, à 00h00   a 24 fev. 07, às 24h00
14 out. 07, à 00h00   a 17 fev. 08, às 24h00
18 out. 08, à 00h00   a 15 fev. 09, às 24h00
18 out. 09, à 00h00   a 21 fev. 10, às 24h00
17 out. 10, à 00h00   a 20 fev. 11, às 24h00
16 out. 11, à 00h00   a 26 fev. 12, às 24h00
21 out. 12, à 00h00   a 17 fev. 13, às 24h00
19 out. 13, à 00h00   a 16 fev. 14, às 24h00
18 out. 14, à 00h00   a 22 fev. 15, às 24h00
18 out. 15, à 00h00   a 21 fev. 16, às 24h00
16 out. 16, à 00h00   a 19 fev. 17, às 24h00
15 out. 17, à 00h00   a 18 fev. 18, às 24h00
21 out. 18, à 00h00   a 17 fev. 19, às 24h00

[1] Só SP, MG, RJ e ES.
[2] Todos os demais Estados.

TABELA 2	
Estados	Correção
Acre	+ 29 min
Alagoas	+ 37 min
Amapá	− 24 min
Amazonas	−
Bahia	+ 26 min
Ceará	+ 26 min
Distrito Federal	− 12 min
Espírito Santo	+ 19 min
Goiás	− 17 min
Maranhão	+ 3 min
Mato Grosso	+ 16 min
Minas Gerais	+ 4 min
Pará	− 14 min
Paraíba	+ 40 min
Paraná	− 17 min
Pernambuco	+ 40 min
Piauí	+ 9 min
Rio Grande do Norte	+ 39 min
Rio Grande do Sul	− 25 min
Rio de Janeiro	+ 7 min
Rondônia	− 3 min
Roraima	− 16 min
Santa Catarina	− 14 min
São Paulo	− 6 min
Sergipe	+ 32 min
Tocantins	− 17 min

TABELA 3 – HORÁRIO DIURNO

Seu signo solar	6h31/8h30	8h31/10h30	10h31/12h30	12h31/14h30	14h31/16h30	16h31/18h30
Áries	Touro	Gêmeos	Câncer	Leão	Virgem	Libra
Touro	Gêmeos	Câncer	Leão	Virgem	Libra	Escorpião
Gêmeos	Câncer	Leão	Virgem	Libra	Escorpião	Sagitário
Câncer	Leão	Virgem	Libra	Escorpião	Sagitário	Capricórnio
Leão	Virgem	Libra	Escorpião	Sagitário	Capricórnio	Aquário
Virgem	Libra	Escorpião	Sagitário	Capricórnio	Aquário	Peixes
Libra	Escorpião	Sagitário	Capricórnio	Aquário	Peixes	Áries
Escorpião	Sagitário	Capricórnio	Aquário	Peixes	Áries	Touro
Sagitário	Capricórnio	Aquário	Peixes	Áries	Touro	Gêmeos
Capricórnio	Aquário	Peixes	Áries	Touro	Gêmeos	Câncer
Aquário	Peixes	Áries	Touro	Gêmeos	Câncer	Leão
Peixes	Áries	Touro	Gêmeos	Câncer	Leão	Virgem

TABELA 4 – HORÁRIO NOTURNO

Seu signo solar	18h31/20h30	20h31/22h30	22h31/24h30	24h31/2h30	2h31/4h30	4h31/6h30
Áries	Escorpião	Sagitário	Capricórnio	Aquário	Peixes	Áries
Touro	Sagitário	Capricórnio	Aquário	Peixes	Áries	Touro
Gêmeos	Capricórnio	Aquário	Peixes	Áries	Touro	Gêmeos
Câncer	Aquário	Peixes	Áries	Touro	Gêmeos	Câncer
Leão	Peixes	Áries	Touro	Gêmeos	Câncer	Leão
Virgem	Áries	Touro	Gêmeos	Câncer	Leão	Virgem
Libra	Touro	Gêmeos	Câncer	Leão	Virgem	Libra
Escorpião	Gêmeos	Câncer	Leão	Virgem	Libra	Escorpião
Sagitário	Câncer	Leão	Virgem	Libra	Escorpião	Sagitário
Capricórnio	Leão	Virgem	Libra	Escorpião	Sagitário	Capricórnio
Aquário	Virgem	Libra	Escorpião	Sagitário	Capricórnio	Aquário
Peixes	Libra	Escorpião	Sagitário	Capricórnio	Aquário	Peixes

Descubra o seu Ascendente

GUIA ASTRAL PARA 2024

As informações a seguir se referem aos aspectos que o Sol, a Lua e os planetas formam entre si diariamente. Para melhor aproveitamento dessas informações, verifique na seção "Regências planetárias", na p. 154, a relação de planetas, atividades e assuntos que são regidos por eles.

Aqui são observados e interpretados os trânsitos da Lua, que se move rapidamente, e dos demais planetas em um único dia. Esse fato faz com que as interpretações deste *Guia* e das previsões astrológicas por vezes pareçam contraditórias entre si; no entanto, elas são complementares.

JANEIRO

1º O primeiro dia do ano começa com Lua e Lilith juntas no céu, lembrando que os recomeços podem ser maravilhosos se realmente nos dispusermos a agir de maneira diferente, diligente com nosso processo de crescimento e evolução. **Favorável para Sol e Júpiter.**

2 Ótimo dia para investir no autocuidado, dando mais atenção ao corpo, mobilidade e à alimentação saudável. Dê mais foco à área financeira, organizando gastos e prioridades. **Favorável para Saturno e Urano.**

3 Para tirar os planos do papel, pode ser interessante abrir espaço para que outras pessoas participem conosco dessa construção. Considere ouvir ideias diferentes e aprender com outras experiências. **Favorável para Vênus.**

4 A Lua Minguante começa a pedir resoluções em certos assuntos, especialmente na área dos afetos. Facilita acordos, parcerias, novas amizades e assuntos na justiça. **Favorável para Mercúrio.**

5 Alguns objetivos de vida merecem mais tempo e atenção, e para isso pode ser importante abrir mão do que hoje não é mais essencial ou possa atrapalhar seu processo atual. Acolha seus sentimentos. **Favorável para Marte e Saturno.**

6 Estar com pessoas queridas é uma boa maneira de nos lembrarmos de quem somos, fortalecendo os vínculos, ao mesmo tempo que vamos também reconhecendo os próprios limites. **Favorável para Sol e Júpiter.**

7 A Lua em bom aspecto com Plutão ilumina em nós o que vem do passado e está pesado demais para carregar. A vida pode ser mais leve e sempre há tempo para mudar; não se apegue tanto. **Favorável para Plutão e Urano.**

8 A intuição nos guia quando precisamos renovar os horizontes, levando nosso olhar para outras paisagens – mentais ou reais. Preste atenção ao que faz seu coração pulsar de verdade. **Favorável para Vênus.**

9 A Lua balsâmica, no final da fase Minguante, nos faz perceber se estamos dedicando aos planos dos outros o tempo que poderíamos estar investindo em nossas próprias descobertas. Comprometa-se com você. **Favorável para Mercúrio.**

10 Aprenda a reconhecer as oportunidades que são suas e quais são as ações que o colocarão diante da porta que você tanto quer atravessar. Dê esse passo com coragem. **Favorável para Mercúrio.**

11 A Lua Nova em Capricórnio ativa Plutão e traz a promessa de transformações importantes, sensibilizando-nos para o que precisa ser revisto e pedindo novas posturas da nossa parte. **Favorável para Plutão e Urano.**

12 Arejar as ideias e os pensamentos deixa a vida mais interessante; procure estar ao lado de pessoas que possam compartilhar visões de mundo enriquecedoras, ampliando suas referências. **Favorável para Plutão.**

13 Bom dia para os encontros e as amizades, e para aproveitar mais da arte e da cultura, investindo assim em seu conhecimento. Novos amores também poderão enriquecer sua vida. **Favorável para Vênus e Mercúrio.**

14 Certas inseguranças não precisam nos fazer desistir dos nossos sonhos. Mesmo quando nos sentimos vulneráveis podemos encontrar dentro de nós o conforto para nos restaurarmos e seguirmos adiante. Seja mais generoso consigo. **Favorável para Saturno e Júpiter.**

15 O senso de dever pode nos levar a algum sacrifício hoje. Porém, observe se essa atitude de fato contribui com a situação ou se está fazendo isso apenas para garantir aceitação. **Favorável para Netuno.**

16 Ótimo dia para agir e tomar decisões, sendo importante se dispor a fazer o que é necessário com empenho. Novos caminhos podem se abrir a partir de agora. **Favorável para Mercúrio e Plutão.**

17 A Lua Crescente dá entusiasmo para nos envolvermos cada vez mais com nossos planos; saiba priorizar e evitar distrações. Parcerias e novas paixões poderão inspirá-lo. **Favorável para Vênus.**

18 Dia de boas oportunidades e encontros promissores; socializar mais pode ser uma boa ideia. Porém, conquistar a confiança dos outros exige seriedade. **Favorável para Marte, Júpiter e Plutão.**

19 Dia excelente para dar aquele passo mais ousado na vida profissional e fazer valer seu esforço. Mostre sua experiência e valor para poder se destacar. **Favorável para Sol e Urano.**

20 Conversar, trocar ideias, aprender algo novo ou simplesmente se divertir com uma agradável companhia pode quebrar a rotina e fazer seu dia valer a pena. Com simpatia, tudo fica melhor. **Favorável para Sol e Vênus.**

21 Plutão entra em Aquário e sentiremos como os novos tempos pedem adaptação de comportamentos e pensamentos. Agora não há mais espaço para exclusões nem relações pautadas em privilégios; todos somos iguais. **Favorável para Sol e Plutão.**

22 Todo conhecimento tem seu valor e podemos estar prontos para novos aprendizados, sendo um bom momento em particular para quem quer voltar a estudar. **Favorável para Plutão.**

23 Nutrir as relações implica estar atento ao outro, percebendo suas oscilações e medos de forma amorosa, e oferecendo apoio quando necessário. **Favorável para Lua, Vênus e Júpiter.**

24 Cuidar de si mesmo e do seu ambiente são gestos de amor-próprio que alimentam a alma. Você reencontrará segurança emocional e bem-estar para voltar a confiar na vida. **Favorável para Lua e Marte.**

25 A Lua Cheia nos inspira a mostrar o que temos de melhor, oferecendo boas oportunidades para a vida profissional e mostrando o valor do respeito por si mesmo. Está na hora de dar aquele salto de coragem na vida. **Favorável para Plutão.**

26 É muito bom nos sentirmos capazes e potentes, e a criatividade é um recurso humano de muito valor para dar vazão a ideias e inspirações do espírito. Liberte-se! **Favorável para o Sol.**

27 Ótimo dia para celebrar suas vitórias com pessoas queridas ou mesmo se reunir para ter momentos de conexão e voltar a se sentir vivo. O romance está no ar. **Favorável para Sol e Vênus.**

28 Lua e Lilith juntas nos lembram de como podemos estar nos sabotando ao deixar de observar o cotidiano de nossa jornada, procrastinando o que é importante ou sendo descuidados nos relacionamentos e no trabalho. Há coisas que merecem dedicação constante. **Favorável para Vênus e Júpiter.**

29 Este é um bom momento para manter o foco em seus planos, dedicando sua energia e inteligência ao que conduzirá seus sonhos ao mundo concreto. Cuidado com a autocrítica. **Favorável para Mercúrio e Marte.**

30 O ponto de vista do outro pode ser um convite para atravessar pontes e conhecer outras ilhas de sabedoria. Valorize as conexões e as boas amizades. Bom momento para um encontro a dois. **Desfavorável para Marte.**

31 Nos últimos anos, aprendemos o valor do respeito às diferenças e às múltiplas possibilidades de expressão pessoal. Observe como podemos ir mais longe quando temos espaço para que todos cooperem. **Favorável para o Sol.**

FEVEREIRO

1º A vida com as inspirações da arte, música, moda e beleza pode nos tirar do lugar-comum, apresentando cenários diferentes que ainda não conhecíamos – mas que podem fazer todo o sentido à pessoa que somos hoje. **Favorável para Júpiter.**

2 Valorizar a sensibilidade e acolher as percepções que nascem a partir do mundo interno é um caminho de grande sabedoria. Preste atenção aos sonhos e àqueles *insights* que chegam de repente, sem explicação. Podem ser informações importantes. **Favorável para Saturno e Netuno.**

3 A Lua entra na fase Minguante e mostra que para termos mais independência precisamos abandonar velhos hábitos, principalmente aqueles que nos mantêm na sensação de incapacidade ou dependentes dos outros. **Favorável para Vênus.**

4 Dia ótimo para viajar, conhecer outras culturas, ouvir outros jeitos de falar e se inspirar com os horizontes de um lugar diferente daquele ao qual estamos habituados. Experimente outros sabores e paladares; há um encanto no desconhecido. **Favorável para Mercúrio.**

5 Há momentos em que nossas experiências são justamente aquilo de que o grupo precisa; não tenha medo de se expor e seja proativo, mostrando quanto você tem para contribuir. Mas seja pontual, falando apenas do que entende mesmo, sem enrolação. **Favorável para o Sol.**

6 É mais fácil concretizar algo quando temos clareza do que queremos alcançar. Um planejamento que organize os passos dessa conquista pode fazer toda a diferença e realmente aproximá-lo do que deseja para sua vida. **Favorável para Júpiter e Saturno.**

7 A Lua balsâmica vem ensinar que é possível nos relacionarmos sem abrir mão dos planos pessoais, e que nenhum afeto pode ser comprado com o sacrifício daquilo que alimenta nossa alma. **Favorável para Vênus e Urano.**

8 A Lua ativa Marte e Plutão no final da lunação, indicando que é preciso agir de forma ética e responsável conosco, respeitando assim nossa trajetória e os esforços que já fizemos até aqui. Não tenha medo de concluir algo para recomeçar em outras bases. **Favorável para Marte e Plutão.**

9 A Lua Nova em Aquário traz renovação de ideias, vontade de aprender e conhecer gente com visões diferentes. Período auspicioso para organizar uma viagem ou aprender um novo *hobby*. **Favorável para Mercúrio.**

10 O mundo pode parecer grande demais, cheio de caminhos e desafios que nos confundem ou geram ansiedade. Está tudo bem; cada coisa vai acontecer no momento certo. Cuide de você agora. **Favorável para Saturno.**

11 Manter a simplicidade e ser objetivo podem mesmo fazer a diferença no seu dia, principalmente no ambiente profissional. Mas não deixe de lado os sentimentos; reserve um momento para meditar e se reconectar às emoções. **Favorável para Vênus.**

12 O dia promete muita disposição para agir e tomar decisões a seu favor, podendo ser até um bom momento para trilhar novos caminhos. Mas lembre-se de respeitar sempre o limite do outro. **Favorável para Marte e Plutão.**

13 Crescer hoje pode significar ficar em paz com as impossibilidades do passado. O que aconteceu antes não define quem você é; tente outra vez, pois os céus prometem restaurar as forças de quem se permite ir além. **Favorável para Sol e Mercúrio.**

14 A vida pode ter mais graça quando valorizamos os momentos com nossos melhores sentimentos. Aproveite as boas companhias: desfrutar de uma refeição com outras pessoas ou apenas conversar podem ser experiências muito agradáveis hoje. **Favorável para Júpiter.**

15 Podemos descobrir caminhos diferentes; não é preciso reproduzir os mesmos comportamentos nem ficar preso às ideias de sempre. Mudar no momento certo pode ser algo bom. **Favorável para Urano.**

16 A Lua Crescente nos convida a deixar de lado certas convicções e inflexibilidades, mostrando que, quando conhecemos um pouco mais das coisas, pode ser impossível manter as velhas opiniões. **Favorável para Vênus.**

17 Conhecer outras pessoas, frequentar novos ambientes e escutar histórias diferentes pode ser o que você precisava para se lembrar de como o mundo é vasto. Saia do isolamento e se permita uma conexão. **Favorável para Marte e Mercúrio.**

18 Às vezes nos acostumamos a fazer só o que tem resultado garantido, mas a vida pode nos surpreender quando nos abrimos à experimentação. Não precisamos ser bons em tudo, e pode ser divertido testar algo pela primeira vez. **Favorável para Sol e Mercúrio.**

19 O Sol entra em Peixes e ficamos mais sensibilizados às memórias e emoções. Existe um mundo interno que só nós conhecemos, mas que é tão real quanto o mundo concreto. Ouça seu coração e se permita sentir. **Favorável para Sol e Saturno.**

20 Nossos sentimentos são reais e interferem na maneira como levamos a vida – quando não nos sentimos bem, podemos deixar de aproveitar o que uma situação traz de bom. Aprender a reconhecer os sen-

timentos nos ajuda a ter uma relação mais prazerosa com a vida. **Favorável para Júpiter.**

21 Ter liberdade para ser quem somos é fundamental, e o respeito às várias formas de expressão da individualidade é o modo de garantir que ninguém se sinta desconfortável com suas características. Há vários jeitos de ser e existir no mundo. **Desfavorável para Marte.**

22 Quando estamos emocionalmente seguros, conseguimos dar vazão às nossas ideias sem nos sentirmos ameaçados pelo julgamento dos outros. Nossa arte e talento são necessários; deixe a criatividade fluir. **Favorável para Mercúrio.**

23 Acredite mais em si mesmo. Todos somos importantes para alguém e o amor nos fortalece para seguirmos adiante. Apaixone-se pela vida e também por você mesmo. **Favorável para Vênus.**

24 A Lua Cheia nos sensibiliza à solidariedade e à compreensão mais profunda acerca do sofrimento no mundo. Mas também podemos ter esse olhar para nós mesmos, identificando o que nos tem feito sofrer e como ser mais gentil conosco. **Favorável para Saturno.**

25 Lua e Lilith se alinham a Saturno e trazem a compreensão de que não podemos nos manter em condição de vulnerabilidade em relação a outros que possam tirar vantagem de nosso esforço ou sofrimento. Tudo tem limite. **Favorável para Mercúrio e Saturno.**

26 A vida ganha um colorido especial quando reconhecemos que o mundo é um lugar acolhedor e que há pessoas dispostas a nos ouvir e a nos receber com amor. Também podemos ser essa pessoa sensível às dores do outro. Todos têm seus desafios. **Favorável para Vênus.**

27 Falar sobre os sentimentos com pessoas queridas pode não ser tão simples, mas será acalentador ter uma escuta atenciosa para suas questões. Hoje é um ótimo dia para acolher, abraçar e compartilhar os afetos. **Favorável para Vênus e Marte.**

28 Mercúrio está no coração do Sol, trazendo clareza para você enxergar aquilo de que se esquiva. Algumas constatações são importantes para se situar diante da vida; não fuja nem se distraia, pois este é um momento de muito crescimento. **Favorável para Sol, Mercúrio e Saturno.**

29 Este é um dia especialmente favorável às curas emocionais, quando é possível superar o medo da rejeição e da solidão. Perceba que hoje você tem outras opções, e suas relações podem ser mais honestas e profundas. **Favorável para Mercúrio e Júpiter.**

MARÇO

1º Começamos o mês com um alinhamento entre Lua e Urano que nos estimula a abrir mão daquelas certezas que não se comprovam mais nas histórias reais, especialmente se elas nos ferem ou nos impedem de ser felizes. Ouse questionar e mudar. **Favorável para Urano.**

2 Há momentos em que a fé pode nos preencher novamente, tornando-nos plenos de confiança para seguir adiante. Aproxime-se do divino como puder concebê-lo; a espiritualidade é uma dimensão que dá sentido à jornada. **Favorável para Júpiter.**

3 Sair um pouco da rotina e respirar outros ares pode lhe oferecer um pouco mais de leveza e até conectá-lo com pessoas mais interessantes. Procure reservar um tempo para se inspirar com outras paisagens, externas ou internas. **Favorável para Vênus e Marte.**

4 A Lua entra na fase Minguante e alguns assuntos precisam ser encaminhados com mais responsabilidade a partir de agora. É preciso que encontre a própria força para sustentar sua decisão de crescer. **Favorável para Vênus e Júpiter.**

5 O dia pede objetividade para manter a atenção, evitando distrações que possam prejudicá-lo. Planeje as atividades para não se perder nas tarefas do dia. **Favorável para Saturno.**

6 O dia continua pedindo foco e determinação para concluir assuntos importantes e que merecem seu empenho. Para que os sonhos se realizem, é preciso se comprometer de verdade. **Favorável para Mercúrio e Plutão.**

7 A Lua balsâmica vem nos ensinar o valor da liberdade quando temos o coração leve para amar sem cobranças nem constrangimentos. É momento de se libertar de parcerias exigentes demais. **Favorável para Marte.**

8 Hoje o dia oferece a oportunidade de você aprender a se relacionar respeitando as diversas opiniões e jeitos de ser, sem se sentir ameaçado pelas visões de mundo diferentes das suas. A multiplicidade é o colorido da natureza e da vida. **Favorável para Vênus.**

9 Lua e Saturno juntos nos mostram o valor dos afetos sinceros, ensinando que poder sentir e se emocionar são dádivas. O dia pede reencontros, carinho e acolhimento, favorecendo amores e amizades. **Favorável para Saturno e Júpiter.**

10 A Lua Nova em Peixes ativa Netuno e ficamos mais sensíveis aos sonhos e a percepções mais sutis. Não despreze a intuição que lhe chegar suavemente; ela pode conduzi-lo e protegê-lo. **Favorável para Netuno e Mercúrio.**

11 Começa uma nova semana de muita disposição e vontade de superação, mas é preciso canalizar a energia para assuntos que tragam bons resultados, evitando agir apenas por impulso. **Favorável para Mercúrio.**

12 Dia ótimo para resoluções que tragam mais autonomia e liberdade, vivenciando-se na prática o prazer de conduzir a própria vida. **Favorável para Marte.**

13 O contato com a arte pode despertar muita beleza em nós, trazendo inspiração para uma vida repleta de experiências agradáveis. Desfrute mais da natureza e dos prazeres sensoriais. **Favorável para Júpiter.**

14 O dia pode surpreendê-lo com situações inesperadas e lampejos criativos que representem saídas interessantes para os desafios atuais. Anote os *insights* e sonhos. **Favorável para Urano.**

15 A curiosidade o moverá neste momento, e pode ser que esteja mesmo precisando de novas atividades para sair da rotina. Circular, fazer novas amizades e conhecer lugares diferentes pode dar aquela animada. **Favorável para Mercúrio.**

16 Conectar-se com a criança que você foi um dia e com os sonhos da infância pode lhe mostrar que sacrificou coisas importantes demais que lhe fazem falta hoje. Mas sempre há tempo para tentar mais uma vez. **Favorável para Marte.**

17 A Lua Crescente vai aos poucos incentivando-o a retomar seus sonhos, dar forma a eles e alimentá-los com as intenções mais sinceras. Acredite na capacidade de concretizar suas aspirações. **Favorável para Vênus.**

18 Pode ser que se sinta mais nostálgico e relembre eventos do passado. Independentemente do que tiver acontecido, saiba que hoje você pode escolher o melhor para si mesmo. Aprenda a se proteger com amor-próprio. **Favorável para Vênus e Saturno.**

19 A sensibilidade está em alta e você estará mais receptivo às mensagens do mundo simbólico dos sonhos e das percepções não verbais. Valorize suas impressões e sentimentos. **Favorável para Netuno.**

20 O Sol ingressa em Áries e todos passam a se sentir mais motivados, com ideias e vontades prontas para ganhar o mundo. É momento de se inspirar com o elemento Fogo e sua capacidade de abrilhantar nossa vida. **Favorável para o Sol.**

21 Mercúrio alinhado a Quíron vai sensibilizá-lo para todas as vezes que você foi impedido de ser autênticos ou foi silenciado, mas hoje não é preciso mais ficar nesse lugar de dor; você pode reagir sim à injustiça com dignidade. **Favorável para Mercúrio.**

22 Hoje o dia favorece o planejamento, otimizando a força de trabalho e dando direção para a vontade de fazer as coisas acontecerem em nossa vida. **Favorável para Marte.**

23 Lua e Lilith juntas se opõem a Vênus e Saturno, e esse alinhamento mostra se você se sente de fato vinculado a seus relacionamentos ou se está se esforçando demais para manter essa conexão. Talvez seja você quem está deixando de acolher o outro e causando desencontros; nesse caso, é importante entender os motivos disso. **Favorável para Vênus e Urano.**

24 Quando sabemos o que queremos, fica mais fácil traçar os passos necessários para nos aproximarmos, dia a dia, daquilo que o coração deseja. Continue! **Favorável para o Sol.**

25 O eclipse desta Lua Cheia nos impulsiona ao diálogo e a encontros, mostrando quem anda ao nosso lado de verdade. Encontrar o equilíbrio entre liberdade e respeito aos pactos pode ser um grande aprendizado. **Favorável para Vênus.**

26 A Lua oposta a Mercúrio ensina que, mesmo tendo motivo para disputas, a vitória não poderá ser aproveitada se vier acompanhada do gosto amargo da separação. Cuide das suas palavras. **Favorável para Mercúrio.**

27 A vida ganha um colorido todo especial diante de novas paixões; busque a inspiração necessária no caminho das artes, da imaginação e do amor. **Favorável para Marte.**

28 Relações saudáveis pedem atenção e delicadeza de nossa parte; talvez você possa se dedicar a essa construção diária de forma mais generosa e cordial. **Favorável para Vênus e Saturno.**

29 Os sentimentos podem nos levar a um reino sutil onde podemos imaginar um futuro inspirador. Bons sentimentos nos levam ainda mais longe. **Favorável para Netuno.**

30 A vida pede mais movimento e coragem para seguir adiante; confie na orientação das estrelas e não se desvie do caminho do seu coração. **Favorável para o Sol.**

31 Sair mais para conhecer outros lugares e paisagens pode fazer seu dia valer a pena. No trabalho, é um bom momento para mostrar todo o seu potencial; contribua com suas ideias. **Favorável para Mercúrio.**

ABRIL

1º A Lua Minguante pede objetividade e clareza para dar resolução aos seus assuntos; valorize soluções práticas que possam lhe trazer bons resultados. **Favorável para Marte.**

2 Júpiter e Urano juntos trazem boa sorte para quem não fica parado vendo a vida passar; o momento é de engajamento em seus projetos. Atenção a oportunidades repentinas que podem vir disfarçadas de rupturas. **Favorável para Júpiter.**

3 O Sol se alinha a Quíron e a Lua, a Plutão, inspirando novos começos que podem reparar histórias do passado, ajudando-o assim a superar as impossibilidades anteriores. **Favorável para Plutão.**

4 Hoje o dia nos motiva a estar perto de quem entende a nossa língua e enxerga o mundo da mesma forma que nós. Amizades verdadeiras nos fortalecem. **Favorável para o Sol.**

5 Pode ser bom desacelerar um pouco para dar mais atenção às necessidades internas; procure se ouvir mais. **Favorável para a Lua.**

6 A Lua balsâmica se une a Saturno e pode deixá-lo mais sensível e emotivo. Talvez seja difícil explicar os próprios sentimentos, mas tudo poderá ser compreendido em outro momento. Acolha-se para poder atravessar essa instabilidade emocional. **Favorável para Saturno.**

7 Vênus em Áries ensina a não perder tempo com devaneios ou jogos de poder nos relacionamentos; busque sua oportunidade e use o que já tem para se aproximar e se conectar a quem você ama. **Favorável para Vênus.**

8 A Lua Nova em Áries chega em um eclipse solar poderoso em conjunção a Quíron, abrindo caminho para reconstruções importantes e reais em sua história de vida, em paralelo a reparações históricas que devem acontecer no aspecto coletivo até a próxima Lua Cheia. **Favorável para Mercúrio.**

9 O dia traz coragem e determinação para seguir adiante. Se você pode dar o melhor de si, também merece o que há de melhor. **Favorável para Vênus.**

10 Repensar velhos hábitos e dar espaço a experimentações podem abrir oportunidades que você sequer havia imaginado. Novidades serão bem-vindas. **Favorável para Júpiter e Urano.**

11 Mercúrio está retrógrado e forma um cazimi* com o Sol, trazendo muita clareza para assuntos do passado que precisam ser revistos e passados a limpo. Ao tomar consciência disso, você se libertará de eternas repetições. **Favorável para Sol e Mercúrio.**

12 A vida pede mais abertura; considere sair, viajar e conhecer gente nova. Novos romances também podem surgir. Ótimo dia para comércio e entretenimento. **Favorável para Plutão.**

13 A Lua Crescente vai motivá-lo ao trabalho e à atividade mental; bom dia para escrever e produzir registros ou informações. **Favorável para Mercúrio.**

14 Mesmo estando motivado e engajado em algum projeto, há momentos em que é preciso dar uma pausa para se ouvir e se acolher. Considere meditar para entrar em sintonia com sua alma. **Favorável para Lua e Saturno.**

15 A imaginação está à solta e a sensibilidade, à flor da pele. Deixe-se levar pelas águas emocionais, que podem mostrar as mais belas paisagens que existem dentro de você. A existência tem muitas camadas. **Favorável para Netuno.**

16 Ótimo dia para se posicionar, tomar decisões ou demonstrar suas habilidades. O momento é para se destacar e favorece novas conexões e romances; use seu charme. **Favorável para Sol e Vênus.**

17 Se estiver com a autoestima em equilíbrio, você não se perderá na arrogância para impressionar os outros ou convencê-los de seu

---

* Encontro de um Astro com o Sol.

valor. Apenas vai ser o que é, e isso será suficiente. **Favorável para Mercúrio e Vênus.**

18 O dia pede atenção à intuição, principalmente para identificar quando uma boa oportunidade se fizer presente. Não perca o tempo das coisas; agarre sua chance. **Favorável para Júpiter.**

19 O Sol ingressa em Touro e traz mais praticidade para lidar com as questões cotidianas. Simplifique sua vida. **Favorável para Marte.**

20 Lua e Lilith opostas a Marte mostram que hoje será possível reconhecer quando a convivência com certas pessoas o está prejudicando, ferindo ou desorientando. Corte essa má influência de uma vez por todas. **Favorável para Marte.**

21 Hoje o dia pede momentos agradáveis e boas conversas, e, se forem ao redor de uma boa mesa, este momento terá tudo para ser especial. **Favorável para Vênus.**

22 O dia pede mais cordialidade, tato e diplomacia no aspecto profissional. Estar pronto para apoiar os outros pode ser um bom caminho para fortalecer alianças. **Favorável para Vênus.**

23 A Lua Cheia vem ensinar que para construir limites saudáveis nas relações é preciso posicionar-se com firmeza, deixando claro o que você está disposto a viver em uma parceria. Também é preciso aprender a interpretar o que significa a falta de clareza do outro em relação a você. **Favorável para Saturno.**

24 Hoje o dia pede atenção aos afetos e relacionamentos, mostrando que algumas conexões são raras e que, com boa vontade e responsabilidade afetiva, é possível se transformar e ser um parceiro melhor. **Favorável para Saturno.**

25 Há muita sensibilidade no ar para imaginar e sonhar com um novo futuro. Existem sonhos pelos quais vale a pena viver. **Favorável para Marte e Netuno.**

26 A retrogradação de Mercúrio trouxe revelações importantes, principalmente sobre si mesmo e seu passado. Com as lições aprendidas, é possível olhar para o futuro de outra maneira. **Favorável para Mercúrio.**

27 Sempre há tempo para tentar mais uma vez, insistindo naquilo que dá real sentido a sua vida. Não desista de você. **Favorável para Vênus.**

28 Este é um ótimo dia para se reunir com as pessoas que valorizam as mesmas coisas que você, cultivando bons momentos. O contato com a natureza pode lhe fazer muito bem. **Favorável para o Sol.**

29 A vida produtiva pode estar pedindo mais compromisso de sua parte; observe se não está se desviando de seu planejamento e, se for esse o caso, procure se reorganizar. Suas metas merecem a devida atenção. **Favorável para Júpiter e Saturno.**

30 Lua e Plutão quadram Vênus e nos convidam a ampliar as referências relacionais, pedindo uma mente mais aberta para considerar ideias diferentes daquelas às quais estamos habituados. **Favorável para Plutão.**

MAIO

1º Sempre se pode aprender coisas novas em um mundo que está em constante transformação. Encontrar novos interesses nos quais se aprofundar pode ser muito inspirador. **Favorável para Mercúrio.**

2 A Lua Minguante cobra mudanças e mostra que a inércia custa caro. Você precisa de segurança, mas não existe vida sem risco, e alguns desafios podem ser bem calculados. **Favorável para Mercúrio.**

3 Lua e Saturno juntos no céu ensinam o valor da passagem do tempo nos relacionamentos, tanto para lhes dar solidez como para evidenciar as reais intenções. **Favorável para Saturno.**

4 Lua e Netuno em conjunto vai conectá-lo ao amor e à compaixão, podendo mobilizá-lo a algum objetivo solidário ou motivá-lo a cuidar dos menos favorecidos. **Favorável para Netuno.**

5 Encontrar o propósito que nos move é uma busca da maior importância; observe em si mesmo o que vem motivando suas escolhas e decisões. Entender por que você se envolve em certas experiências lhe trará serenidade. **Favorável para Mercúrio.**

6 A Lua balsâmica pede mais liberdade, e podemos sentir até que não há mais tempo a perder com algumas pessoas ou situações. Observe bem esse impulso para não perder o momento. **Favorável para Marte.**

7 Vênus em Touro ensina que você é a pessoa mais importante para si mesmo, e que nada nem ninguém vale o preço de se abandonar. **Favorável para Vênus.**

8 Uma Lua Nova poderosa se revela hoje em Touro, na companhia de Júpiter e Urano, dando boas-vindas às trilhas que nos conduzirão à mudança e ao crescimento, fazendo assim justiça à nossa trajetória. **Favorável para Vênus, Júpiter e Urano.**

9 Dia propício para encontrar os amigos, conversar e colocar os acontecimentos em dia. No trabalho, confie na sua capacidade inventiva para encontrar soluções inovadoras. **Favorável para Marte e Urano.**

10 Precisamos de novos ares, e ainda bem que existem a arte e a cultura para nos apresentar outros olhares para o mundo. Não se esqueça de que também é possível criar outras realidades em nossa imaginação. **Favorável para Mercúrio.**

11 Dia propício para cuidar do campo emocional e também para cuidarmos uns dos outros. Todos temos nossas vulnerabilidades e podemos aprender juntos quando nos unimos para acolher. **Favorável para Lua, Vênus e Júpiter.**

12 Eventos inesperados podem afastá-lo de alguma situação, evidenciando que já é possível se desconectar de certas histórias para agora se dedicar à própria construção. **Favorável para Júpiter, Saturno e Urano.**

13 Você pode se surpreender ao perceber quanta vontade pulsa dentro de si. Não descarte suas ideias; é um bom momento para traçar planos, tendo em mente a plena realização deles. **Favorável para Sol e Urano.**

14 A Lua Crescente faz deste um ótimo dia para tomar decisões importantes, posicionar-se e resolver pendências. Deixe o caminho livre para seu crescimento acontecer e não se prenda mais ao passado. **Favorável para Marte.**

15 Conversar mais com as pessoas, mostrar sua experiência e resultados podem fazer diferença no ambiente de trabalho. Vá em frente! **Favorável para Mercúrio.**

16 Mercúrio entra em Touro e pede mais pé no chão e senso prático, observando as relações de causa e consequência para não se equivocar, sobretudo em relação a objetivos de longo prazo. **Favorável para Mercúrio.**

17 Lua e Lilith alinhadas a Sol e Júpiter inspiram abundância, ensinando que somos sim merecedores de uma vida segura, próspera e gratificante. O sacrifício e a escassez não expiam a culpa; precisamos nos organizar para encontrar caminhos eficientes de redenção e parar de nos sabotar. **Favorável para Sol e Júpiter.**

18 Sol e Júpiter formam um cazimi perfeito, e o Grande Benéfico lança suas bênçãos à humanidade. Dia muito especial para se reconectar com a fé, a espiritualidade e a confiança em um futuro melhor. **Favorável para Júpiter.**

19 Saber ouvir com atenção e falar apenas o que é necessário são aprendizados essenciais para o dia de hoje. Com simpatia, você verá conexões e acordos facilitados. **Favorável para Vênus.**

20 O Sol entra em Gêmeos e ficamos mais curiosos, ávidos por novidades. Os estudos, as novas amizades e as viagens rápidas se tornarão mais interessantes neste período. **Favorável para Marte.**

21 No ambiente profissional, procure usar as palavras certas para defender seu ponto de vista. Lembre-se de que palavras que não se sustentam em fatos concretos testemunham contra nós. **Favorável para Saturno.**

22 Você poderá se surpreender com situações que antes pareciam vitais e que hoje podem não ter mais a mesma importância. Prepare-se para o desapego, confiando que o amanhã lhe trará boas surpresas. **Favorável para Urano.**

23 A Lua Cheia vem carregada de otimismo e confiança em dias melhores. Ter fé na vida e celebrar as relações é importante, mas saiba se preservar de quem só se aproxima de você nos bons momentos. Amizades verdadeiras são tesouros. **Favorável para Vênus e Júpiter.**

24 O futuro é um lugar que começa a ser construído hoje, e você tem à mão todas as ferramentas de que precisa para que essa construção aconteça. Não perca mais tempo; envolva-se ativamente. **Favorável para Marte.**

25 Você ainda pode estar lidando com resistências internas que o desestimulam, fazendo-o pensar em desistir antes mesmo de começar. Porém, a zona de conforto pode não ser mais tão confortável quanto antes. Vá adiante! **Favorável para Júpiter.**

26 Júpiter entra em Gêmeos e promete um período de descobertas científicas, novas redes digitais e novidades no comércio eletrônico. É hora de se atualizar. **Favorável para Sol e Júpiter.**

27 Algumas situações coletivas mais recentes poderão afetá-lo, especialmente se entrarem em contradição com as certezas cultivadas por tanto tempo, mas que não se comprovam mais no mundo de hoje. Prepare-se para conhecer outras perspectivas. **Favorável para Júpiter e Plutão.**

28 Vênus está em Gêmeos ensinando-o a diversificar e mostrando-lhe que é possível vivenciar sensações novas e reinventar relacionamentos. Às vezes, novas conexões são mais que necessárias. **Favorável para Vênus.**

29 O mundo tem vários caminhos, mas só quem tem a alma livre pode sentir o vento e dançar com ele. Está na hora de rever se é você mesmo quem está na condução de sua vida. **Favorável para Marte.**

30 A Lua Minguante o conduzirá para dentro, rumo aos próprios sentimentos, indicando a necessidade de ser diligente consigo mesmo, aprendendo assim a se resguardar de situações que possam feri-lo. **Favorável para Saturno.**

31 No intuito de vivenciar o desejo por novidade e a euforia dos encontros, pode ser que você deixe de dar tanta atenção a seus afetos. Mas é importante respeitar os próprios limites, para que a consciência não pese depois. **Favorável para Saturno.**

JUNHO

1º Às vezes a vida parece passar muito rápido, dando a sensação de que não teremos tempo para viver todos os planos que ainda temos no coração. O segredo é alimentar cada coisa até que chegue o seu devido tempo. **Favorável para Marte.**

2 O dia pede mais movimento e propõe desafios, facilitando pequenas viagens e o turismo de aventura. O contato com a natureza pode ser restaurador, diminuindo a ansiedade. **Favorável para Mercúrio e Marte.**

3 Hoje é um bom dia para apresentar novas ideias e propor caminhos diferentes na vida profissional, porém resultados concretos sempre falam mais alto. Procure apoiar suas ideias em fatos. **Favorável para Sol e Vênus.**

4 A Lua balsâmica se aproxima de Urano, ativando uma expressão mais criativa e autoconfiante que é fundamental para você se desapegar de tudo que não conversa mais com seu momento atual. **Favorável para Urano.**

5 Lua e Júpiter se alinham a Plutão, dando a certeza de que os tempos mudaram. Há portas abertas hoje que nem podíamos imaginar antes. Então, reveja também seus planos, pois vivemos no presente. **Favorável para Urano e Júpiter.**

6 A Lua Nova em Gêmeos se forma conjunta a Vênus, trazendo a certeza de novidades no campo amoroso e possibilidades de desenvolvimento financeiro. **Favorável para Mercúrio e Vênus.**

7 Acolha seus medos e seja compreensivo com sua sensibilidade; nem tudo é racional nem depende de uma explicação, embora seja real. Cuide-se com amor. **Favorável para a Lua.**

8 Em um mundo cada vez mais conectado, a presença física traz o calor e a confiança que não podem ser simulados no ambiente virtual. Chame para perto quem é importante para você. **Favorável para Vênus e Lua.**

9 Se estiver atento, tudo se torna um canal de comunicação, e é possível receber mensagens por meios não convencionais. Preste atenção a imagens, símbolos e sonhos. **Favorável para Sol e Mercúrio.**

10 Descobrir um novo talento e entrar em contato com suas habilidades poderão ser feitos muito gratificantes. Sempre é tempo de aprender algo que traga mais alegria à vida. **Favorável para Mercúrio.**

11 Para quem está à procura de um novo amor, o dia promete encontros inspiradores e muito romance. Invista em seu charme e mostre o seu melhor. **Favorável para Sol e Vênus.**

12 O dia pede foco e organização para otimizar suas tarefas. No aspecto profissional, procure fazer as coisas de forma planejada para evitar distrações e ter resultados melhores. **Favorável para Marte.**

13 Bom dia para organizar papéis e documentos, e providenciar assinaturas importantes. Cuidado com as críticas; evite fofocas que possam depor contra você mais tarde. **Favorável para Mercúrio e Vênus.**

14 Lua e Lilith se alinham a Urano para ensinar que, ao virar a página, não começamos apenas uma nova história, mas também descobrimos uma nova face de nós mesmos que estava pronta para ganhar vida. **Favorável para Urano.**

15 Para conquistar mais liberdade, pode ser importante repactuar as condições de relacionamentos e acordos, equilibrando as oportunidades e demonstrando responsabilidade consigo mesmo e com o outro. **Favorável para Júpiter.**

16 Algumas metas podem ser alcançadas com menos esforço se contar com a participação de outras pessoas. Não subestime o valor da cooperação e das redes de apoio. **Favorável para Mercúrio e Vênus.**

17 Vênus ingressa em Câncer e nos inspira ao cuidado com pessoas queridas. Demonstrar afeto em gestos de carinho aquece o coração e cura as dores emocionais. **Favorável para Vênus e Saturno.**

18 É importante reconhecer que algumas disputas que não merecem mais seu empenho devem ser abandonadas, pois não lhe trarão nenhum resultado prático. **Favorável para Marte.**

19 Hoje é um dia de muita sensibilidade para se perceber intenções e ler nas entrelinhas. Confie em sua intuição e reconheça as mensagens que lhe chegam por meio dos sonhos. **Favorável para Netuno.**

20 Dê uma pausa na correria para incluir em sua vida um pouco mais de diversão, cultura e arte, a fim de encontrar mais inspiração e leveza no dia a dia. Lembre-se de sorrir. **Favorável para o Sol.**

21 O Sol ingressa em Câncer e traz o mistério das águas geradoras para sua vida, convidando-o a recriar realidades pela força da imaginação impregnada da emoção certa. O que existe dentro pode existir fora. **Favorável para Sol e Vênus.**

22 A Lua Cheia ajuda a reconhecer a realidade das relações, e, por mais duro que seja, é preciso abrir mão das ilusões e do autoengano para poder construir vínculos mais verdadeiros e potentes. **Favorável para Sol e Vênus.**

23 Alguns planos podem não sair como esperado, mas com certeza ter jogo de cintura ajudará mais do que se manter em uma postura inflexível. Seja criativo. **Favorável para Urano.**

24 Para quem já vem se desenvolvendo no âmbito emocional, pode ficar cada vez mais claro que não somos mais as mesmas pessoas de antes; hoje temos mais recursos para lidar com as situações sem cair no drama e no ressentimento. **Favorável para Júpiter e Plutão.**

25 Algumas vontades parecem imprescindíveis, mas não passam de um sopro de vento e podem não durar mais que alguns dias. Observe em você como as ondas do desejo vêm e vão, mas o que permanece pulsante, isso sim merece empenho. **Favorável para Marte.**

26 Um forte trígono de Água nos céus pode conduzir sua atenção ao sofrimento dos menos favorecidos, e você pode se sentir impelido a auxiliar de alguma forma. Será muito gratificante se envolver em alguma iniciativa de cuidado efetivo. **Favorável para Lua e Vênus.**

27 Lua e Saturno trazem reflexões importantes acerca da responsabilidade afetiva, quando devemos demonstrar respeito para com os parceiros e também conosco. É importante se comprometer de fato com as relações e agir de modo coerente com esse compromisso. **Favorável para Saturno.**

28 Relações pautadas de fato pelo amor e pela confiança podem resistir a desencontros, mas relacionamentos mantidos pela dependência não se sustentam diante do chamado da liberdade. Pense nisso! **Favorável para Plutão.**

29 A Lua Minguante traz reflexões importantes: pense na qualidade de seus vínculos atuais e se para mantê-los você vem abrindo mão de algo que há muito tempo lhe faz falta. **Favorável para Quíron.**

30 Lua e Vênus se alinham e mostram se seu relacionamento é um porto seguro. Essa é uma dádiva que muitos desejam, e uma relação assim, ainda que desgastada, pode ser restaurada e aprimorada com amor. **Favorável para Vênus.**

JULHO

1º O mês começa com Marte e Lua juntos no céu, desafiando-o a vencer a inércia e a preguiça para construir uma vida mais prazerosa e abundante. **Favorável para Marte e Vênus.**

2 Quebrar a rotina pode ser o que estava faltando para se reconectar consigo mesmo. Procure se dar momentos agradáveis e invista nos cuidados com o corpo. **Favorável para Urano.**

3 A Lua balsâmica o fará perceber se sua vida ficou muito monótona, sendo então necessária uma renovação significativa para permanecer numa situação, ou se precisamos recomeçar em outras bases. **Favorável para Júpiter.**

4 Hoje é um bom dia para leituras, aprendizagens e boas conversas, mas, se estiver entediado, pode agir impulsivamente. Observe seus sentimentos. **Favorável para Mercúrio.**

5 A Lua Nova em Câncer levará sua atenção para o que é capaz de nascer neste momento em sua vida. Podem ser antigos projetos que estavam esperando o momento certo, podem ser expressões de sua criatividade, ou até mesmo filhos reais que precisam chegar. **Favorável para Lua.**

6 Lua e Vênus juntas mostram o poder do amor que é capaz de se refazer e renovar a vida, restaurando histórias que não podem morrer. **Favorável para Vênus e Saturno.**

7 Celebrar os bons momentos na companhia de pessoas queridas vai acalentar seu coração e alimentá-lo de alegria; estar entre os seus pode ser inspirador. Além disso, o romance está no ar. **Favorável para Mercúrio.**

8 O dia hoje pode ter atrasos e desencontros; procure lidar com os contratempos com boa vontade. Fazer drama não vai ajudar em nada. **Favorável para Mercúrio.**

9 A vida profissional tem muito a ganhar com o alinhamento de Marte e Urano, dando-lhe coragem e persistência. Planeje seus passos, mas conte com a possibilidade de ter que improvisar, o que pode até se revelar algo ainda melhor. **Favorável para Marte e Urano.**

10 Intolerância e críticas não são expressões construtivas; ao invés disso, você pode apontar soluções e melhorias. Se esses impulsos se apresentarem, observe o que eles de fato querem dizer a você, não a outra pessoa. **Favorável para Saturno.**

11 Lua e Lilith agora passam a se encontrar no signo de Libra, reforçando a consciência sobre o que não podemos aceitar de jeito nenhum na convivência com outras pessoas. Todos somos dignos de respeito e consideração. **Favorável para Lilith.**

12 Vênus ingressa em Leão e vem ensinar o valor da constância, do respeito consigo mesmo e da expressão ardente dos afetos que nos fazem sentir vivos. **Favorável para Vênus e Júpiter.**

13 A Lua Crescente pede por mais arte, beleza e inspiração. Valorize os amigos e os bons encontros. Este é um ótimo momento para conhecer novos amores. **Favorável para Vênus e Júpiter.**

14 Encontrar pessoas que tenham a mesma visão de mundo e poder partilhar nossas opiniões é muito bom, mas aprender a conversar com quem pensa diferente, ouvindo sem interromper e compreendendo um outro ponto de vista, é um grande aprendizado. Pratique. **Favorável para Mercúrio.**

15 Um grande trígono de Água se forma no céu, mantendo-nos ainda ligados ao tema dos relacionamentos e sentimentos. Saturno está retrógrado e pode levá-lo ao fundo de suas histórias para que aprenda a se relacionar hoje com mais consciência. **Favorável para Saturno.**

16 Você pode ter chegado à conclusão de que algumas relações não podem continuar, pois têm lhe causado um sofrimento desmedido. Hoje já é possível se desligar dessas histórias, com respeito e amor-próprio. **Favorável para Marte e Saturno.**

17 Nem tudo o que é novo põe em risco o que você se esforçou para conquistar. É possível incluir novas situações, acomodando as novidades lado a lado ao que já é tão familiar, dando-lhes igual importância. **Favorável para Júpiter.**

18 O coração pode ficar dividido entre o chamado por novos caminhos de vida e a segurança dos caminhos já trilhados e conhecidos; avalie onde cada caminho o levará para poder decidir. **Favorável para Mercúrio.**

19 O dia está propício para o cuidado consigo mesmo; seja breve e econômico nas palavras e direcione sua energia para si próprio. Atividades relaxantes e que estimulem o corpo sensorialmente estão especialmente indicadas. **Favorável para a Lua.**

20 A Lua Cheia vem chegando e suas emoções vão estar mais afloradas. Apesar de poder se sentir intimidada com a exposição de sua vulnerabilidade perante os outros, procure relaxar e baixar um pouco a guarda; permita-se sentir. **Favorável para Saturno.**

21 A necessidade de saber e controlar tudo o que acontece pode agir de forma reversa e mantê-lo aprisionado, em uma existência repetitiva e sem graça. Hoje o dia pede para que você olhe para fora, enxergando novos horizontes. **Favorável para Plutão, Urano e Marte.**

22 Criação e inovação são as palavras deste dia que chega nos inspirando com a possibilidade de fazermos algo diferente. Procure experimentar alguma coisa que ainda não conhece; você pode se surpreender com a diversidade. **Favorável para Júpiter.**

23 Procure manter a calma, pois este é um dia de desencontros e atrasos, contrastando com sua sensação de urgência. Evite discussões que possam magoar por pouca coisa; sua paz interior é mais valiosa. **Favorável para a Lua.**

24 Ótimo dia para você avaliar se tem feito escolhas que o favoreçam e atendem de fato o que seu coração pede, ou se tem se deixado envolver pelos desejos de outros que o mantêm no papel de coadjuvante na vida deles. Retome seu protagonismo. **Favorável para Sol e Saturno.**

25 A inspiração criativa está no ar, e a mente pode escapar para cenários mais agradáveis e coloridos, o que é ótimo para tudo o que contém arte e beleza. No trabalho, porém, procure manter o foco e evitar distrações que comprometam prazos e resultados. **Favorável para Netuno.**

26 Observe as novas ideias que vão surgindo neste dia. Lua, Júpiter e Sol estão em bom aspecto, estimulando o desenvolvimento pessoal de forma imaginativa e intuitiva. Seja proativo. **Favorável para Marte.**

27 Nem sempre temos as melhores condições para realizar aquilo que queremos, mas, se ficarmos esperando por isso, talvez nunca façamos algo significativo. Use o que já tem e confie em si mesmo. **Favorável para Vênus.**

28 Hoje o dia pede cuidado com críticas e intolerância, mas promove bons momentos para quem estiver disposto a se reconectar com o corpo e a natureza. **Favorável para Saturno.**

29 A Lua Minguante se encontra com Urano e abre caminhos outrora impossíveis. Algumas mudanças podem justamente aproximá-lo de seus objetivos. **Favorável para Urano.**

30 O dia promete ser agitado, com várias tarefas, atividades e pensamentos que podem acelerá-lo além da conta. Invista na colaboração do trabalho em equipe e em conversas que possam dar vazão às ideias. **Favorável para Marte e Júpiter.**

31 O romance e as paixões estão no ar, podendo inspirar novas conexões e parcerias. Use seu charme para se aproximar de outras pessoas e seja interessante na conquista. **Favorável para Vênus.**

AGOSTO

1º Com a sensibilidade mais aflorada, você pode se sentir verdadeiramente envolvido com alguém e se deixar levar pelos sentimentos e pela imaginação. Aproveite. **Favorável para a Lua.**

2 A Lua balsâmica propõe uma reflexão: você está alimentando adequadamente seus sonhos e projetos no mundo, ou tem empregado sua força para atender às necessidades dos outros? Está na hora de se comprometer com sua criação. **Favorável para Saturno.**

3 Certo grau de ansiedade pode lhe dar a sensação de que o tempo é escasso para fazer o que precisa. Respire fundo e respeite seu ritmo; procure se dar aquilo de que gosta e relembrar como a vida também pode ser agradável. **Favorável para Plutão.**

4 Uma Lua Nova em Leão repleta de inspiração e novas ideias nos recebe hoje, cujo convite é reinventar a vida de um jeito mais interessante e prazeroso. Nossa jornada também é feita de momentos de alegria e realização pessoal. **Favorável para o Sol.**

5 Vênus ingressa em Virgem, e é possível olhar de forma mais prática para o cotidiano, procurando simplificar convivências e relacionamentos. Exercite em sua vida a gentileza e a generosidade. **Favorável para Vênus.**

6 O dia estimula os cuidados com a saúde e alimentação; comprometa-se com seu bem-estar de forma mais consciente. **Favorável para Mercúrio.**

7 Alguns hábitos podem estar incomodando-o, principalmente se souber quais são as consequências negativas que trazem em longo prazo. O amor-próprio, contudo, pode fazê-lo superar esse ciclo de repetições. **Favorável para Urano.**

8 A Lua se encontra com Lilith em Libra, que faz um ótimo aspecto com Plutão, favorecendo a reflexão sobre comportamentos que temos mantido para sermos considerados bons e aceitos pelas pessoas, mas que podem comprometer nossa autenticidade. **Favorável para Plutão.**

9 Boas ideias podem ser bem aproveitadas em grupo, especialmente no ambiente de trabalho, no qual todos podem colaborar melhor uns com os outros se estiverem integrados. Programações culturais podem ser muito interessantes neste dia. **Favorável para Júpiter.**

10 O dia pede que você circule mais, encontre mais pessoas, tenha boas conversas e momentos agradáveis. Estão evidenciadas as programações que envolvam arte, como shows e museus. **Favorável para Júpiter.**

11 Saber nos relacionar é uma arte que passamos a vida toda aprimorando. Hoje é um bom dia para observar se consideramos a opinião dos outros algo a ser combatido, a fim de fazermos valer a nossa própria. Nem tudo precisa ser uma disputa; aproveite os bons momentos. **Favorável para Marte e Júpiter.**

12 A Lua Crescente o motivará a buscar mais oportunidades, e para isso é preciso se expor mais, colocando à prova seus talentos. Bom momento para mostrar sua originalidade e se destacar. **Favorável para Urano.**

13 Quando sabemos o que queremos e empregamos esforços de maneira atenta e focada, tudo acontece. Ótimo dia para se dedicar à carreira, investir em esportes e na promoção dos projetos pessoais. **Favorável para o Sol.**

14 Com pensamento positivo e boa vontade para fazer o que sua consciência aponta, tudo vai lhe parecer mais fácil. Bom momento para reencontrar a direção a seguir. Confie na sua inspiração espiritual. **Favorável para Sol e Júpiter.**

15 Nossas aspirações nos movem para a vida, mas também podem nos aproximar de outras pessoas que estão igualmente dispostas a se engajarem em algo significativo para o mundo. Fique atento se encontrar pessoas assim. **Favorável para Marte e Júpiter.**

16 Para deixar suas coisas do jeito que imagina, vale a pena se dedicar um pouquinho mais, pois a recompensa certamente virá na certeza de ter feito um bom trabalho, além de tudo se transformar em experiência. **Favorável para Vênus e Saturno.**

17 Alguns hábitos do cotidiano podem ter virado repetições sem nenhum sentido prático hoje. Avalie se há mesmo necessidade de fazer tudo do mesmo jeito sempre, ou se alguns ajustes não vão lhe fazer bem. **Favorável para Urano.**

18 Mercúrio está retrógrado e faz um cazimi ao Sol, trazendo muita clareza sobre momentos do passado que precisam ser passados a limpo. A Lua em Aquário renova interiormente a sensação de que sempre existe outro dia e novas oportunidades. **Favorável para Mercúrio.**

19 A Lua Cheia em harmonia com Marte e Júpiter dá vontade de renovar a vida com outras escolhas e caminhos mais estimulantes. Ainda que sejam mudanças significativas, você pode estar pronto para encarar novos desafios que o farão se sentir mais vivo. **Favorável para Marte e Júpiter.**

20 Hoje o dia pede calma para se lidar com conflitos e contrariedades; pode não ser o melhor momento para se indispor um debate de ideias. Observe como você lida com as frustrações. **Favorável para Saturno.**

21 Há momentos em que precisamos nos recolher e recuperar as forças, cuidando mais uns dos outros com amor e generosidade. Volte a sentir e isso vai fortalecê-lo. **Favorável para Netuno e Vênus.**

22 O Sol ingressa em Virgem e chama a atenção para os resultados práticos de suas ações. Se estiver insatisfeito, é um bom momento para se empenhar daqui em diante com mais diligência. **Favorável para Mercúrio.**

23 Este dia poderá sensibilizá-lo para as impossibilidades do passado, e você pode achar que não dará conta das situações atuais também, mas é importante notar que você não é mais quem era antes e que hoje tem mais ferramentas e habilidades para lidar com as mesmas situações. **Favorável para Quíron.**

24 As coisas mais importantes levam tempo para serem bem construídas; o segredo é ir alimentando a motivação para ter a satisfação da vitória quando essas coisas estiverem realizadas. **Favorável para Vênus.**

25 Atenção às palavras que podem escapar mais rápido do que os pensamentos dão conta, principalmente se forem palavras duras de crítica e intolerância. Seja gentil e canalize esse fluxo para uma atividade artística. **Favorável para Urano.**

26 Conhecer outras pessoas e lugares pode ser uma boa ideia para este dia; esteja receptivo a novas experiências e circule mais. **Favorável para Mercúrio.**

27 Escrever pode ser uma ótima maneira de organizar os pensamentos e integrar os fatos do dia a dia. Hoje os astros favorecem as boas leituras, conversas enriquecedoras, os estudos e a escrita. **Favorável para Marte e Júpiter.**

28 Os sentimentos estão mais aflorados; cuide da forma como se aproxima dos outros e conversa com eles. Lembranças do passado podem dar aquela nostalgia; preserve-se, mas não evite as emoções. **Favorável para a Lua.**

29 A sensibilidade nos permite olhar para nós mesmos com menos julgamento. Ainda que precisemos reconhecer algo que necessita ser melhorado, podemos fazer isso com um olhar compreensivo e amoroso. **Favorável para Saturno.**

30 Vênus ingressa em Libra e faz conjunção a Lilith, trazendo mais atenção ao que não podemos admitir nem tolerar nos relacionamentos. Em aspecto com Plutão em Aquário, é possível recuperar a liberdade quando os relacionamentos não oferecem reciprocidade ou acolhimento real. **Favorável para Lilith.**

31 A Lua balsâmica nos inspira a confiar mais em nós mesmos, mostrando que o caminho da cura é aquele em que podemos estar inteiros, sem esconder nem negar nenhum de nossos aspectos. Quando aceitamos nossas impossibilidades, aí sim é que podemos olhar para as reais oportunidades. **Favorável para Vênus.**

SETEMBRO

1º Mercúrio direto se alia à Lua e podemos agora ver as coisas com mais honestidade, sem fugir das constatações que são importantes para nos situarmos e deixarmos de lado o autoengano do egocentrismo. **Favorável para Mercúrio.**

2 A Lua Nova em Virgem traz a promessa de pisar no chão da realidade, conhecer melhor suas habilidades e se comprometer com uma construção de vida mais saudável e próspera. Enquanto isso, Vênus e Lilith promovem mais consciência sobre a reciprocidade nas relações. **Favorável para Saturno.**

3 Quando olhamos de maneira severa e crítica para as situações, sempre exigindo bons resultados das experiências, podemos perder de vista o valor do aprendizado no processo. Ainda quando os resultados não são bons, o aprendizado que fica sempre tem seu valor. **Favorável para Saturno.**

4 Lua e Urano em bom aspecto trazem lampejos criativos para você sair da mesmice, apostando em passos maiores, porém planejados e administráveis em longo prazo. Bom para repensar a carreira. **Favorável para Urano.**

5 Lua e Lilith unidas a Vênus trazem atenção aos temas femininos, especialmente à condição das mulheres no casamento e as desigualdades impostas pela cultura que ainda hoje são reproduzidas, apesar de todo o esclarecimento disponível. **Favorável para Vênus.**

6 O dia pede amabilidade para encontros e conversas, mantendo o ambiente agradável para trocas e crescimento mútuo. **Favorável para Júpiter.**

7 Marte entra em Câncer, estimulando-o a ser mais protetor e cuidadoso. Esse estímulo pode levá-lo a se dedicar mais à casa e à família, chamando atenção também para os reparos necessários no lar. **Favorável para Marte.**

8 Cuidar da saúde, em alguns momentos, pede revisão de hábitos alimentares que se estabeleceram na infância. É importante observar se está fazendo uso da comida como conforto emocional para questões que precisam ser enfrentadas. **Favorável para o Sol.**

9 Algumas rotinas podem ser melhoradas para que você aproveite melhor seu tempo e restaure a saúde, ao levar em conta atividades que não são tão determinantes hoje e podem ser substituídas por outras mais significativas. **Favorável para Saturno.**

10 Este é um bom dia para avaliar se sua vida profissional reflete o propósito que o encaminhou a sair para o mundo e ocupar um lugar de contribuição social. A motivação para seguir fazendo algo é a certeza de que seu esforço tem valor. **Favorável para Plutão.**

11 Um pouco mais de otimismo e positividade torna as tarefas mais leves, em particular no ambiente de trabalho, onde temos de lidar com repetições. Mantenha o foco e perceba quanto você já se desenvolveu com a prática constante. **Favorável para Júpiter.**

12 Para quem sabe aonde vai, cada passo importa para nos aproximar gradualmente de nossos objetivos. Não se distraia em uma performance que o levará a um excesso de ocupações; simplifique e economize seu tempo ao ter mais foco. **Favorável para Mercúrio e Saturno.**

13 Um trígono de Terra se abre hoje e oferece caminhos de crescimento e prosperidade no campo material. Para alcançar bons resultados, é preciso dedicação, mas também saber identificar o momento certo para insistir ou mudar. **Favorável para Urano.**

14 Dia favorável a estudos e viagens, que promoverá experiências enriquecedoras se você se abrir ao aprendizado que vem da convivência com pessoas diferentes de nós. **Favorável para Plutão.**

15 A Lua faz ótimo aspecto com Vênus e Júpiter, formando um trígono de Ar e favorecendo contatos, amizades, parcerias, redes de apoio e alianças produtivas. Boa hora para diversificar os investimentos. Arte e entretenimento estarão em alta. **Favorável para Vênus e Júpiter.**

16 A vida pode ter nos apresentado muitas opções nos últimos dias, mas é importante reconhecer onde nos sentimos seguros e dar valor ao que realmente nos faz sentir bem. Acolha seus sentimentos. **Favorável para Marte.**

17 A Lua Cheia vem mostrar que os afetos são um tesouro inestimável e que podemos nos restaurar quando estamos seguros de sermos amados, mesmo que seja pelo autoamor. Respeite seu processo. **Favorável para Saturno.**

18 O eclipse lunar nos conecta ao sonho e à imaginação de novos futuros, e se engajar nessa construção dará um sentido especial à nossa história de vida. Quando começamos a agir, o mundo se move para acompanhar. **Favorável para Netuno.**

19 Nos relacionamentos, você pode se deparar com o conflito entre querer e poder. É importante avaliar em que posição essa relação o coloca e se é sempre você quem precisa ceder; pode estar na hora de aprender a negociar. **Favorável para Vênus.**

20 Hoje o dia traz a dicotomia sonho e realidade, e é possível que você se envolva em situações que de alguma forma lhe causem um choque de realidade, justamente porque estava apoiado em equívocos e fantasias. **Favorável para o Sol.**

21 Dia favorável para uma reflexão sobre a vida profissional: é possível alcançar os resultados que deseja em sua vida seguindo na posição atual, ou você tem se tornado uma máquina, passando por cima de suas necessidades e sentimentos? **Favorável para Saturno.**

22 O Sol ingressa em Libra e faz bons aspectos com Plutão e Urano, prometendo um período de renovações na área dos relacionamentos. É um bom momento para conhecer gente nova e frequentar outros ambientes. **Favorável para Urano.**

23 Lua e Júpiter favorecerão atividades que envolvam oratória, negociações, comércio e publicidade. Mas também ajudam quem precisa se mostrar mais e chamar a atenção das pessoas, portanto, não economize na simpatia. **Favorável para Júpiter.**

24 Vênus ingressa em Escorpião e mobiliza em nós uma determinação mais forte para conquistarmos o que queremos, inclusive novos amores. Marte em bom aspecto imprime magnetismo e sensualidade para novas conquistas. **Favorável para Vênus.**

25 Um belo trígono de Água nos céus afeta as nossas emoções, trazendo os sentimentos para a superfície e podendo causar oscilações de humor marcantes ao longo do dia. Cuidado com o ciúme e a tendência ao drama. **Favorável para Marte.**

26 O elemento Água vai promover uma interiorização para que chegue a percepções mais profundas a respeito de suas emoções e saúde mental. É importante reconhecer se você está desestabilizado, para receber o cuidado necessário e se sentir em segurança novamente. **Favorável para Netuno.**

27 A Lua Minguante o preparará para resoluções que precisam ser tomadas; observe o que vem lhe requisitando mais comprometimento e firmeza de propósito para se tornar real. **Favorável para Sol e Mercúrio.**

28 De arte também se vive, e hoje o dia está propício a inspirações mais elevadas. Procure reservar um momento para se conectar com outras visões de mundo e ampliar suas referências culturais. **Favorável para Júpiter.**

29 Relações mais saudáveis pedem de nós abertura para falarmos de nossos sentimentos de forma honesta. Reveja o que o impede de se abrir com o outro, percebendo se há timidez ou cobrança interna de sua parte. **Favorável para Vênus.**

30 A Lua balsâmica se forma ao mesmo tempo que Mercúrio fica cazimi ao Sol sobre Lilith. Esse alinhamento promove muita compreensão sobre o que temos calado nos relacionamentos, seja porque não conseguimos sustentar nossa voz, seja porque estamos de fato sendo silenciados. **Favorável para Sol e Mercúrio.**

OUTUBRO

1º Começamos o mês no final da Lua Minguante, simbolizando que é preciso se desapegar de certezas romantizadas sobre o amor e os relacionamentos se quiser de fato construir parcerias com pessoas reais. **Favorável para Saturno.**

2 A Lua Nova em Libra, com eclipse sobre Lilith, promete muita conscientização a respeito dos novos modelos de relacionamento, bem como a revisão de seus limites relacionais e a necessária correção de desequilíbrios que, de forma injusta, estejam lhe causando sofrimento emocional. **Favorável para Mercúrio.**

3 Descobrir novos interesses e diversões pode tornar seu dia mais agradável; convide os amigos para participar deste momento com você. No trabalho, ótimo dia para formar parcerias e se engajar em equipes colaborativas. **Favorável para Júpiter.**

4 Hoje o dia está favorável a encontros e aventuras amorosas; se estiver em busca de alguém especial, aproveite o fluxo dos astros e esbanje charme. **Favorável para Marte.**

5 Nem tudo se consegue na disputa; algumas conquistas acontecem na estratégia, na capacidade de atração e na insistência. Certifique-se de estar fazendo boas escolhas, porque o momento é de viver com intensidade. **Favorável para Vênus.**

6 Você pode se sentir mais emotivo hoje, e pode ser uma boa ideia se recolher para estar em segurança no seu ninho. Em família ou junto de amigos de confiança, emocione-se com um bom filme ou boa música. **Favorável para Netuno.**

7 Acredite em seu potencial e procure se cercar de companhias que respeitem suas ideias. Entre pessoas que veem o mesmo horizonte, é mais fácil estabelecer uma convivência cooperativa. **Favorável para Mercúrio.**

8 Hoje pode ser menos doloroso olhar para as interdições do passado, especialmente aquelas em que sofreu algum tipo de injustiça. Perceba que no presente você vive outros tempos e pode construir novos entendimentos com base em sua experiência individual. **Favorável para Júpiter e Quíron.**

9 Alguns valores de ordem moral podem nos fazer sentir culpa diante das escolhas que fizemos na atualidade. É importante encontrar um equilíbrio entre nossos fundamentos éticos e nossas decisões. **Favorável para Saturno.**

10 Ótimo dia na área profissional, com oportunidades para quem sabe o valor de uma boa convivência com os colegas, sabendo escutar boas ideias e promovendo a colaboração entre as pessoas. **Favorável para Vênus.**

11 Plutão se prepara para sair da retrogradação e ingressar em definitivo em Aquário, trazendo muita atualização do pensamento coletivo para novos paradigmas de convivência, mais inclusiva e respeitosa às diferenças. **Favorável para Plutão.**

12 O dia favorece os grandes encontros, shows e eventos. Tudo que se refira a moda, beleza, criatividade e entretenimento estará especialmente estimulado. **Favorável para Sol e Júpiter.**

13 Algumas situações podem ter fugido do controle e precisam agora de um arbitramento isento; se este for o seu caso, não hesite em encaminhar para os meios judiciais. **Favorável para Júpiter.**

14 Para o bem de algumas situações, é preciso reaprender quais são os limites aceitáveis, a fim de garantir a continuidade de um relacionamento. Observe, porém, se há empenho da outra parte nessa repactuação, pois pode ser melhor abandonar certos cenários. **Favorável para Saturno.**

15 O verdadeiro amor cura e transforma, oferecendo segurança emocional para entrarmos em contato com nossos sentimentos e entendermos melhor o que se passa da pele para dentro. Porém, o autoamor nos preserva e fortalece, mesmo diante da hostilidade. **Favorável para Vênus.**

16 Há decisões tomadas de forma tão verdadeira que nenhum argumento contrário é capaz de abalar essas escolhas. Quando alguém está em seu centro, pode se sustentar por si mesmo. **Favorável para o Sol.**

17 A Lua Cheia vai sensibilizá-lo para as injustiças e interdições que sofremos no passado e que não precisam ser reeditadas no presente. Saiba identificar situações atuais que sejam repetições desses eventos traumáticos, pois é possível viver uma história diferente hoje. **Favorável para Quíron.**

18 Vênus ingressa em Sagitário e torna o dia especial para confraternizar, encontrar pessoas queridas e ter boas conversas. Programações gastronômicas e que estimulem os sentidos estão especialmente favorecidas, sobretudo se forem a dois. **Favorável para Mercúrio.**

19 Para quem estava à espera, este é o dia para dar aquele passo para fora das situações de opressão e dominação. Um Yod sustentado por Netuno e Urano mostra que só é possível sermos nós mesmos em um ambiente livre de controle, engano e abuso. **Favorável para o Sol.**

20 O mundo é grande e sempre podemos começar outra vez. Saiba que existem pessoas que de fato estão disponíveis para se relacionarem com base em reciprocidade e cuidado. Mudar pode ser bom. **Favorável para Plutão.**

21 A sorte sorri para quem sai da hesitação e consegue se decidir pelo que é melhor para si mesmo. Lua e Júpiter em ótimo aspecto com o Sol prometem abrir os caminhos a quem precisa começar a escrever uma nova história. **Favorável para Júpiter.**

22 Lidar com os sentimentos pode ser um desafio quando temos que dar conta de tantas outras frentes, mas é importante silenciar para poder se escutar e se acolher nesse nível de interiorização. Cuide bem de você mesmo. **Favorável para a Lua.**

23 Quando desenvolvemos atenção aos sentimentos, conseguimos identificar as manipulações e chantagens presentes nas dinâmicas, e isso é fundamental para não permanecer em relações tóxicas. **Favorável para Marte.**

24 Lua e Vênus vem nos relembrar de que temos direito à felicidade, a uma vida mais justa e livre de opressões. Momentos alegres aquecem nosso coração e nos dão coragem para seguir adiante. **Favorável para Vênus.**

25 É preciso amadurecer para entender o valor da autopreservação. Proteja-se daqueles que querem entrar em sua cabeça e confundi-lo, para depois levar vantagem sobre sua permissividade. Saiba dizer não. **Favorável para Vênus.**

26 A Lua Minguante pede desapegos que tornem a vida mais leve, sem o peso da culpa e das cobranças excessivas. Reveja seus hábitos e rotinas cotidianas; alguns ajustes podem facilitar sua vida hoje. **Favorável para Urano.**

27 Cuidar do corpo é também uma forma de cuidar da mente, pois ambos os sistemas estão conectados. Um corpo ativo é capaz de regular os processos corporais que garantem mais tranquilidade psíquica e emocional. **Favorável para Mercúrio.**

28 A Lua alinhada a Plutão e Urano vem dizer que não somos tão frágeis quanto podemos pensar. Mesmo sabendo das limitações, existe em nós uma viva determinação que pode nos recolocar na trilha do crescimento mais uma vez. **Favorável para Marte.**

29 A Lua balsâmica se encontra com Lilith para evidenciar que é possível fazer reparações importantes em sua história de vida e que não é preciso permanecer vinculados a ninguém se não for de sua vontade – especialmente se esse vínculo o prejudica. **Favorável para Lilith.**

30 Há momentos que pedem decisão, e ficar esquivando do problema ou protelando uma posição só o desgastará, sem resolver a situação. Respire fundo e encontre os argumentos certos, mas enfrente o que precisa ser encarado. **Favorável para Vênus.**

31 Aprender a caminhar pela vida com mais confiança e positividade é uma dádiva que só recebe que não teme improvisar e criar sua própria realidade. Tudo pode ser mais leve e divertido se sua mente deixar de lado a necessidade de controlar. **Favorável para Júpiter.**

NOVEMBRO

1º A Lua Nova em Escorpião chega com a promessa de que tudo pode ser transformado em sua vida pela força do amor verdadeiro, que vai encorajá-lo a encontrar e expressar o melhor de si mesmo. **Favorável para Sol e Saturno.**

2 Hoje o dia conta com a sensibilidade do elemento Água, trazendo as memórias de pessoas queridas e boas situações vivenciadas no passado. Você pode ter lembranças, sonhos e *insights* significativos neste dia; fique atento às sutilezas. **Favorável para Mercúrio.**

3 Mudanças pedem organização e foco até que a nova situação possa se estabilizar. Aproveite o dia de hoje para fazer um exercício de visualização dessa nova situação que você quer viver. **Favorável para Marte.**

4 Marte ingressa no signo de Leão, indicando uma temporada de mais coragem para tirar os planos do papel a passar à ação. **Favorável para Marte e Plutão.**

5 Um sentimento de liberdade pode inspirá-lo hoje; procure fazer atividades que levem à experiência de conexão com a natureza e a espiritualidade. **Favorável para Vênus.**

6 Para que os planos passem da idealização para o mundo concreto, é importante definir as etapas e planejar sua execução. Especialmente no ambiente profissional, avalie para onde se encaminha sua força de trabalho e se é dessa forma que você espera contribuir. **Favorável para Saturno.**

7 A Lua Crescente vai impulsioná-lo aos desafios, enquanto o Sol em Escorpião ativará sua capacidade de estratégia e determinação. É hora de superar limites, sejam eles externos ou internos. **Favorável para Plutão.**

8 Os céus o impelirão ao crescimento, e você pode se deparar com situações inusitadas e de difícil resolução. Respire fundo e confie em sua capacidade criativa para enxergar soluções onde mais ninguém as vê. **Favorável para Marte.**

9 Algumas situações não se resolvem no mesmo ambiente em que foram criadas. Você pode estar mais sensível aos chamados para conhecer outros lugares e vivenciar reinícios. Considere as oportunidades de mudança. **Favorável para Júpiter.**

10 O dia pode trazer certa sensação de ansiedade e inquietação, afetando seu humor. Procure se dar experiências agradáveis, boas companhias e estabilidade para se manter equilibrado. **Favorável para Saturno.**

11 Seus relacionamentos mais próximos podem estar precisando de mais delicadeza e gestos de carinho, afinal, fortalecemos os afetos no cotidiano da convivência harmoniosa. Lembre-se de que você também merece esse cuidado. **Favorável para Saturno.**

12 Hoje o dia traz uma forte conexão espiritual, que pode resultar em um intuitivo e importante senso de propósito, especialmente com relação a seu caminho profissional. Acredite nos sonhos e *insights* deste dia. **Favorável para Marte e Mercúrio.**

13 Vênus está em Capricórnio e é capaz de atrair para si situações e oportunidades mais promissoras, enquanto a Lua em Áries o mobilizará a recuperar a autonomia e a independência. Aprenda a conduzir sua vida por si mesmo. **Favorável para Marte.**

14 Hoje o dia pede experiências que nos reconectem com o prazer e o senso de gratificação diante da vida. Aproveite as programações que envolvam relaxamento, estímulos sensoriais, boa gastronomia e lugares inspiradores. **Favorável para Vênus.**

15 A Lua Cheia vem ensinar o valor de uma vida estruturada em alicerces firmes, que possam sustentar os movimentos da vida e as mudanças inevitáveis. Estrutura não é necessariamente algo imóvel, mas firme o suficiente para não se quebrar. **Favorável para Urano.**

16 Hoje o dia pede mais diversão e leveza; aproveite para encontrar a graça da vida naquelas atividades que esvaziam o coração de dores e preocupações. **Favorável para Mercúrio.**

17 Fazer novos amigos, tirar a sorte grande, fazer uma descoberta importante ou conhecer um novo amor – tudo é possível em um dia que tem Júpiter em evidência. Aproveite a sorte e se aventure. **Favorável para Júpiter.**

18 Tentativas de controle escondem o medo da falta e do desamparo, e pode ser importante enfrentarmos essas questões para que a vida adulta não se reduza a fantasias infantis. Quem ama liberta. **Favorável para Vênus e Saturno.**

19 Olhar para os relacionamentos e reconhecer suas falhas é um exercício poderoso de autoconhecimento. É na intimidade que podemos nos olhar de verdade nos espelhos que o parceiro representa. **Favorável para Vênus e Saturno.**

20 A Lua se encontra com Marte, e no polo oposto Plutão finalmente deixa Capricórnio para percorrer todo o signo de Aquário, consolidando mudanças significativas nas convivências e políticas públicas. Este é um novo tempo para a consciência coletiva, mais sensível à diversidade e justiça social. **Favorável para Plutão.**

21 Você pode se sentir inspirado e criativo, com ótimas ideias prontas para serem apresentadas ao mundo. No âmbito do trabalho, posicione-se e exponha suas ideias com firmeza. Ótimo dia para esportes e atividades vibrantes. **Favorável para Sol e Marte.**

22 O Sol ingressa em Sagitário e ficamos mais conectados aos grandes ideais da humanidade, além da busca pelo sentido de nossa própria experiência de vida. A espiritualidade passa a ganhar mais relevância no dia a dia. **Favorável para Júpiter.**

23 Você até pode se sentir entusiasmado e cheio de ideias, mas é importante ter um referencial para direcionar pensamentos e atitudes a fim de não se desgastar sem necessidade. Observe o resultado de cada coisa e foque naquilo que pode beneficiá-lo de verdade. **Favorável para Vênus.**

24 A Lua Minguante nos encaminha a resoluções importantes, e podemos nos sentir divididos entre mudanças e descobertas estimulantes e as situações que nos garantem segurança, sobretudo patrimonial. Avalie o valor de cada coisa para poder decidir. **Favorável para Urano.**

25 Você pode se surpreender ao constatar quanto sua forma de pensar e interpretar o mundo tem mudado nos últimos tempos. Está tudo certo; o mundo está em constante mudança, e nós também. **Favorável para Plutão.**

26 A Lua encontra Lilith e reforça uma necessária reflexão sobre as condições dos relacionamentos mais significativos e se ao lado do outro nos sentimos inspirados a criar e expandir. As relações deveriam nos ajudar a crescer. **Favorável para Lilith.**

27 Este é um bom dia para cuidar da aparência, testar novos estilos e ficar mais confortável na própria pele. Também estão estimulados os encontros, a arte e a cultura. Aproveite. **Favorável para Júpiter.**

28 A Lua balsâmica o convida a se desapegar de desconfianças e tendência ao controle, em especial nos relacionamentos. Você pode aprender a se vincular com entrega e honestidade, e também a ler os sinais que o alertarão quando estiver diante de um perigo real, sem negar o que vê. **Favorável para Vênus e Saturno.**

29 Com mais sensibilidade no ar, serão preferíveis os ambientes mais intimistas, onde seja possível se conectar de maneira mais próxima com as pessoas. Mas, se sentir vontade de se recolher, este é um momento de profunda conexão com as emoções. **Favorável para Vênus.**

30 Inquietações sem motivo aparente podem vir a agitá-lo internamente; procure dar vazão a esse sentimento por meio do movimento corporal, com esportes, dança ou até mesmo música. Cantar também é terapêutico. **Favorável para Sol e Marte.**

DEZEMBRO

1º O mês começa com a Lua Nova em Sagitário, recebendo um ótimo aspecto de Marte, que o impulsionará de verdade às atitudes que precisa tomar, pois você sente que já chegaram a seu tempo. **Favorável para Marte.**

2 Talvez você venha se distrair com a agitação do dia a dia, sem conseguir concluir assuntos mais importantes. Procure manter-se estável na medida do possível; meditar pode ser uma boa opção. **Favorável para Mercúrio.**

3 Ótimo dia para colocar os planejamentos em ordem, corrigir projetos e investir no trabalho. Mas lembre-se de também relaxar e aproveitar as boas coisas da vida. **Favorável para Vênus.**

4 Hoje pode ser um dia sensível para os relacionamentos, com sentimentos ambíguos diante de uma situação que pode ter estagnado. Observe o que é possível reformular ou se é você quem precisa se reposicionar. **Favorável para Vênus e Plutão.**

5 Você pode sentir aquela vontade de sair por aí, sem direção, sem lenço nem documento. Este pode ser um ótimo dia para viajar e se renovar, sentindo o vento bater no rosto. Inspire profundamente. **Favorável para Júpiter.**

6 Dia favorável aos estudos, à escrita, a atividades de raciocínio e eventos. Também tudo o mais que se refira a cultura e entretenimento pode ser bastante agradável, além de estimular novas amizades. **Favorável para Marte e Júpiter.**

7 Vênus ingressa em Aquário e começamos a lidar com questões relacionais de um modo mais leve, aceitando melhor os ajustes que precisamos fazer em nós mesmos. E, para quem estiver buscando um novo amor, este é um excelente período. **Favorável para Sol, Vênus e Marte.**

8 Agir com responsabilidade afetiva requer que observemos nosso comportamento com os demais e, sobretudo, o que causamos em outras pessoas. Com palavras e decisões, podemos gerar experiências desagradáveis; fique atento. **Favorável para Saturno.**

9 O dia pede disposição para sair pelo mundo, colocar a mão na massa e realizar aquilo que só você pode resolver. Não adie resoluções nem repasse tarefas; é a sua atuação que fará a diferença. **Favorável para Sol, Mercúrio e Marte.**

10 Mercúrio está retrógrado e pode conectá-lo a memórias que precisam ser recuperadas para serem vistas hoje sob outras perspectivas. Alinhado a Quíron, este pode ser um dia importante para ficar em paz com seu passado. **Favorável para Quíron.**

11 Se as circunstâncias não favorecem seus planos, é preciso um outro roteiro, e não necessariamente outros planos. Se algo não sair como planejado, tenha jogo de cintura, improvise se for preciso, mas não desista. **Favorável para Saturno.**

12 Por vezes somos tão duros e exigentes conosco que usamos essa mesma medida para avaliar outras pessoas, que podem ter as próprias referências e ser mais gentis que nós. Podemos aprender muito com esse espelhamento. **Favorável para Vênus.**

13 Você pode se sentir um tanto ansioso à medida que a Lua Cheia vai se formando; procure canalizar essa inquietação em expressões criativas. O dia estimula a arte e a beleza; aproveite para cuidar também da aparência. **Favorável para Urano.**

14 Lua Cheia e Júpiter dão um espetáculo no céu, e aqui na Terra abrem portais de bênçãos materiais e proteção espiritual, especialmente para quem vive em deslocamento e viagens. Essa configuração também é auspiciosa para quem quer se apaixonar. **Favorável para Vênus e Júpiter.**

15 A Lua Cheia deixa um convite para você vivenciar situações novas e repactuar as antigas, pois a vontade de renovação está no ar. Dia particularmente favorável ao ambiente de estudos, universidades, intercâmbios e viagens. **Favorável para Júpiter.**

16 Não podemos controlar tudo nem definir os passos das pessoas de quem gostamos; elas também têm autonomia e decidem sobre a vida delas. Mas gestos verdadeiros de carinho tem muito valor e não serão esquecidos. **Favorável para a Lua.**

17 Um dia de emoções fortes e muita sensibilidade. Preserve-se de ambientes hostis e procure se acolher ao longo do dia com mimos e comidinhas especiais. Cuide de você e de quem você ama. **Favorável para Saturno.**

18 Este é um ótimo momento para colocar energia em seus planos e fazer a roda da vida girar; aproveite o entusiasmo para se empenhar de verdade e fazer a vida acontecer. O momento de agir é agora. **Favorável para Marte.**

19 Confiar em si mesmo e em suas capacidades é fundamental, mas nem sempre suficiente. Há momentos em que precisamos nos sentir amparados pela presença luminosa e inspiradora da divindade em nossas vidas. **Favorável para Sol e Júpiter.**

20 Para crescer, temos que aprender a lidar com frustrações, falhas e medos. Porém, saiba que essas coisas não o definem e você pode tentar novamente, pois uma experiência bem assimilada só vai aprimorá-lo. **Favorável para Saturno.**

21 Uma cruz mutável pelos céus une Mercúrio, Júpiter e Saturno à Lua, indicando que a roda da fortuna girou mais uma vez e abriu caminho para as mudanças desejadas. Não é hora de parar; siga adiante. **Favorável para Mercúrio.**

22 A Lua Minguante oferece a oportunidade de avaliar melhor seus resultados e se você está de fato comprometido com seus objetivos de vida. Especialmente na área profissional, poderá haver surpresas. **Favorável para Urano e Plutão.**

23 Sair mais, arejar a cabeça e conversar longamente com aquele amigo especial podem tornar o seu dia melhor. Aproveite para usar toda a sua simpatia com novas conexões, inclusive amorosas. **Favorável para Vênus.**

24 Lua e Lilith se encontram e fazem ótimo aspecto a Vênus e Júpiter, fortalecendo relacionamentos baseados em liberdade para escolhermos permanecer ao lado de quem amamos. Toda forma de amor vale a pena, mas é preciso respeitar as diferenças. **Favorável para Vênus e Júpiter.**

25 Neste dia de celebração, os céus nos presenteiam com muita sensibilidade, intuição aflorada e emoções fortes. Observe a intensidade dos seus sentimentos e se preserve, para poder viver um bom momento. Feliz Natal! **Favorável para Saturno.**

26 Você pode se sentir mais emotivo nesta Lua Minguante; procure dar vazão aos sentimentos ouvindo suas músicas favoritas ou maratonando séries ou assistindo filmes inspiradores. **Favorável para Saturno.**

27 Com a intuição mais presente, é possível perceber coisas no ar que outras pessoas não notam, ou acessar informações importantes por meio das imagens dos sonhos. Pode ser interessante registrar essas percepções. **Favorável para Urano e Netuno.**

28 A Lua balsâmica nos ajuda a rever as questões do passado que precisavam ser passadas a limpo agora, em um momento da vida em que temos mais maturidade para compreender e perdoar. Perdoe-se também e se liberte do peso dessas histórias. **Favorável para Mercúrio e Quíron.**

29 Você pode se surpreender com sua resiliência e capacidade de superação; é nos momentos de crise que reconhecemos de que material somos feitos. É hora de olhar adiante e ver a luz surgindo no horizonte. **Favorável para Mercúrio e Quíron.**

30 A Lua Nova em Capricórnio o levará naturalmente a fechar para balanço e rever caminhos, observando se está mesmo conseguindo alcançar aquilo a que se propôs ou se pode melhorar seu compromisso com uma construção de futuro digna e responsável. **Favorável para Saturno.**

31 O último dia do ano amanhece com a Lua em Capricórnio avançando em direção a Plutão – símbolo de um movimento intuitivo que sempre direciona a transformações necessárias, aquelas que vão nos lapidar para alcançarmos a verdadeira natureza divina. Feliz Ano Novo! **Favorável para Saturno.**

Horóscopo Chinês 2024

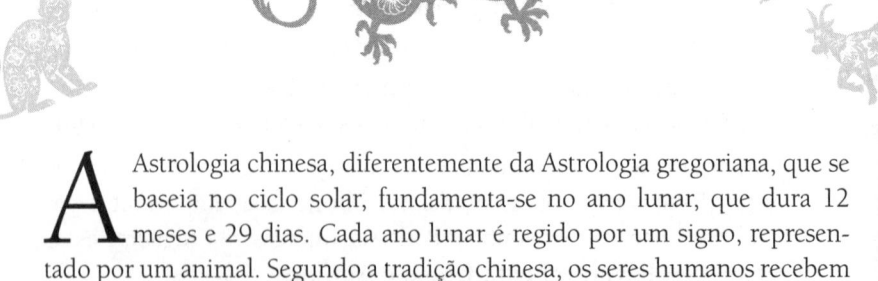

A Astrologia chinesa, diferentemente da Astrologia gregoriana, que se baseia no ciclo solar, fundamenta-se no ano lunar, que dura 12 meses e 29 dias. Cada ano lunar é regido por um signo, representado por um animal. Segundo a tradição chinesa, os seres humanos recebem as características do signo regente de cada ano.

Verifique na tabela a seguir qual é seu animal-signo tomando por base a data de seu nascimento. Se estiver interessado em conhecer seu signo Ascendente no horóscopo chinês, consulte também a tabela das horas regidas pelos signos.

Os anos lunares de 1900 a 2031				
Signos	Período correspondente		Elemento	Polaridade
Rato	de 31 de janeiro de 1900	até 18 de fevereiro de 1901	Metal	+
Boi	de 19 de fevereiro de 1901	até 7 de fevereiro de 1902	Metal	−
Tigre	de 8 de fevereiro de 1902	até 28 de janeiro de 1903	Água	+
Coelho	de 29 de janeiro de 1903	até 15 de fevereiro de 1904	Água	−
Dragão	de 16 de fevereiro de 1904	até 3 de fevereiro de 1905	Madeira	+
Serpente	de 4 de fevereiro de 1905	até 24 de janeiro de 1906	Madeira	−
Cavalo	de 25 de janeiro de 1906	até 12 de fevereiro de 1907	Fogo	+
Carneiro	de 13 de fevereiro de 1907	até 1º de fevereiro de 1908	Fogo	−
Macaco	de 2 de fevereiro de 1908	até 21 de janeiro de 1909	Terra	+

Os anos lunares de 1900 a 2031

Signos	Período correspondente		Elemento	Polaridade
Galo	de 22 de janeiro de 1909	até 9 de fevereiro de 1910	Terra	−
Cão	de 10 de fevereiro de 1910	até 29 de janeiro de 1911	Metal	+
Javali	de 30 de janeiro de 1911	até 17 de fevereiro de 1912	Metal	−

Rato	de 18 de fevereiro de 1912	até 5 de fevereiro de 1913	Água	+
Boi	de 6 de fevereiro de 1913	até 25 de janeiro de 1914	Água	−
Tigre	de 26 de janeiro de 1914	até 13 de fevereiro de 1915	Madeira	+
Coelho	de 14 de fevereiro de 1915	até 12 de fevereiro de 1916	Madeira	−
Dragão	de 13 de fevereiro de 1916	até 22 de janeiro de 1917	Fogo	+
Serpente	de 23 de janeiro de 1917	até 10 de fevereiro de 1918	Fogo	−
Cavalo	de 11 de fevereiro de 1918	até 31 de janeiro de 1919	Terra	+
Carneiro	de 1º de fevereiro de 1919	até 19 de fevereiro de 1920	Terra	−
Macaco	de 20 de fevereiro de 1920	até 7 de fevereiro de 1921	Metal	+
Galo	de 8 de fevereiro de 1921	até 27 de janeiro de 1922	Metal	−
Cão	de 28 de janeiro de 1922	até 15 de fevereiro de 1923	Água	+
Javali	de 16 de fevereiro de 1923	até 4 de fevereiro de 1924	Água	−

Rato	de 5 de fevereiro de 1924	até 24 de janeiro de 1925	Madeira	+
Boi	de 25 de janeiro de 1925	até 12 de fevereiro de 1926	Madeira	−
Tigre	de 13 de fevereiro de 1926	até 1º de fevereiro de 1927	Fogo	+
Coelho	de 2 de fevereiro de 1927	até 22 de janeiro de 1928	Fogo	−
Dragão	de 23 de janeiro de 1928	até 9 de fevereiro de 1929	Terra	+
Serpente	de 10 de fevereiro de 1929	até 9 de janeiro de 1930	Terra	−
Cavalo	de 10 de janeiro de 1930	até 16 de fevereiro de 1931	Metal	+
Carneiro	de 17 de fevereiro de 1931	até 5 de fevereiro de 1932	Metal	−
Macaco	de 6 de fevereiro de 1932	até 25 de janeiro de 1933	Água	+
Galo	de 26 de janeiro de 1933	até 13 de fevereiro de 1934	Água	−
Cão	de 14 de fevereiro de 1934	até 3 de fevereiro de 1935	Madeira	+
Javali	de 4 de fevereiro de 1935	até 23 de janeiro de 1936	Madeira	−

Rato	de 24 de janeiro de 1936	até 10 de fevereiro de 1937	Fogo	+
Boi	de 11 de fevereiro de 1937	até 30 de janeiro de 1938	Fogo	−
Tigre	de 31 de janeiro de 1938	até 18 de fevereiro de 1939	Terra	+

Os anos lunares de 1900 a 2031

Signos	Período correspondente		Elemento	Polaridade
Coelho	de 19 de fevereiro de 1939	até 7 de fevereiro de 1940	Terra	–
Dragão	de 8 de fevereiro de 1940	até 26 de janeiro de 1941	Metal	+
Serpente	de 27 de janeiro de 1941	até 14 de fevereiro de 1942	Metal	–
Cavalo	de 15 de fevereiro de 1942	até 4 de fevereiro de 1943	Água	+
Carneiro	de 5 de fevereiro de 1943	até 24 de janeiro de 1944	Água	–
Macaco	de 25 de janeiro de 1944	até 12 de fevereiro de 1945	Madeira	+
Galo	de 13 de fevereiro de 1945	até 1º de fevereiro de 1946	Madeira	–
Cão	de 2 de fevereiro de 1946	até 21 de janeiro de 1947	Fogo	+
Javali	de 22 de janeiro de 1947	até 9 de fevereiro de 1948	Fogo	–
Rato	de 10 de fevereiro de 1948	até 28 de janeiro de 1949	Terra	+
Boi	de 29 de janeiro de 1949	até 16 de fevereiro de 1950	Terra	–
Tigre	de 17 de fevereiro de 1950	até 5 de fevereiro de 1951	Metal	+
Coelho	de 6 de fevereiro de 1951	até 26 de janeiro de 1952	Metal	–
Dragão	de 27 de janeiro de 1952	até 13 de fevereiro de 1953	Água	+
Serpente	de 14 de fevereiro de 1953	até 2 de fevereiro de 1954	Água	–
Cavalo	de 3 de fevereiro de 1954	até 23 de janeiro de 1955	Madeira	+
Carneiro	de 24 de janeiro de 1955	até 11 de fevereiro de 1956	Madeira	–
Macaco	de 12 de fevereiro de 1956	até 30 de janeiro de 1957	Fogo	+
Galo	de 31 de janeiro de 1957	até 17 de fevereiro de 1958	Fogo	–
Cão	de 18 de fevereiro de 1958	até 7 de fevereiro de 1959	Terra	+
Javali	de 8 de fevereiro de 1959	até 27 de janeiro de 1960	Terra	–
Rato	de 28 de janeiro de 1960	até 14 de fevereiro de 1961	Metal	+
Boi	de 15 de fevereiro de 1961	até 4 de fevereiro de 1962	Metal	–
Tigre	de 5 de fevereiro de 1962	até 24 de janeiro de 1963	Água	+
Coelho	de 25 de janeiro de 1963	até 12 de fevereiro de 1964	Água	–
Dragão	de 13 de fevereiro de 1964	até 1º de fevereiro de 1965	Madeira	+
Serpente	de 2 de fevereiro de 1965	até 20 de janeiro de 1966	Madeira	–
Cavalo	de 21 de janeiro de 1966	até 8 de fevereiro de 1967	Fogo	+
Carneiro	de 9 de fevereiro de 1967	até 29 de janeiro de 1968	Fogo	–
Macaco	de 30 de janeiro de 1968	até 16 de fevereiro de 1969	Terra	+
Galo	de 17 de fevereiro de 1969	até 5 de fevereiro de 1970	Terra	–
Cão	de 6 de fevereiro de 1970	até 26 de janeiro de 1971	Metal	+
Javali	de 27 de janeiro de 1971	até 14 de fevereiro de 1972	Metal	–

Os anos lunares de 1900 a 2031

Signos	Período correspondente	Elemento	Polaridade
Rato	de 15 de fevereiro de 1972 até 2 de fevereiro de 1973	Água	+
Boi	de 3 de fevereiro de 1973 até 22 de janeiro de 1974	Água	–
Tigre	de 23 de janeiro de 1974 até 10 de fevereiro de 1975	Madeira	+
Coelho	de 11 de fevereiro de 1975 até 30 de janeiro de 1976	Madeira	–
Dragão	de 31 de janeiro de 1976 até 17 de fevereiro de 1977	Fogo	+
Serpente	de 18 de fevereiro de 1977 até 6 de fevereiro de 1978	Fogo	–
Cavalo	de 7 de fevereiro de 1978 até 27 de janeiro de 1979	Terra	+
Carneiro	de 28 de janeiro de 1979 até 15 de fevereiro de 1980	Terra	–
Macaco	de 16 de fevereiro de 1980 até 4 de fevereiro de 1981	Metal	+
Galo	de 5 de fevereiro de 1981 até 24 de janeiro de 1982	Metal	–
Cão	de 25 de janeiro de 1982 até 12 de fevereiro de 1983	Água	+
Javali	de 13 de fevereiro de 1983 até 1º de fevereiro de 1984	Água	–

Rato	de 2 de fevereiro de 1984 até 19 de fevereiro de 1985	Madeira	+
Boi	de 20 de fevereiro de 1985 até 8 de fevereiro de 1986	Madeira	–
Tigre	de 9 de fevereiro de 1986 até 28 de janeiro de 1987	Fogo	+
Coelho	de 29 de janeiro de 1987 até 16 de fevereiro de 1988	Fogo	–
Dragão	de 17 de fevereiro de 1988 até 5 de fevereiro de 1989	Terra	+
Serpente	de 6 de fevereiro de 1989 até 26 de janeiro de 1990	Terra	–
Cavalo	de 27 de janeiro de 1990 até 14 de fevereiro de 1991	Metal	+
Carneiro	de 15 de fevereiro de 1991 até 3 de fevereiro de 1992	Metal	–
Macaco	de 4 de fevereiro de 1992 até 22 de janeiro de 1993	Água	+
Galo	de 23 de janeiro de 1993 até 9 de fevereiro de 1994	Água	–
Cão	de 10 de fevereiro de 1994 até 30 de janeiro de 1995	Madeira	+
Javali	de 31 de janeiro de 1995 até 18 de fevereiro de 1996	Madeira	–

Rato	de 19 de fevereiro de 1996 até 6 de fevereiro de 1997	Fogo	+
Boi	de 7 de fevereiro de 1997 até 27 de janeiro de 1998	Fogo	–
Tigre	de 28 de janeiro de 1998 até 15 de fevereiro de 1999	Terra	+
Coelho	de 16 de fevereiro de 1999 até 4 de fevereiro de 2000	Terra	–
Dragão	de 5 de fevereiro de 2000 até 23 de janeiro de 2001	Metal	+
Serpente	de 24 de janeiro de 2001 até 11 de fevereiro de 2002	Metal	–

Os anos lunares de 1900 a 2031

Signos	Período correspondente		Elemento	Polaridade
Cavalo	de 12 de fevereiro de 2002	até 31 de janeiro de 2003	Água	+
Carneiro	de 1º de fevereiro de 2003	até 21 de janeiro de 2004	Água	–
Macaco	de 22 de janeiro de 2004	até 8 de fevereiro de 2005	Madeira	+
Galo	de 9 de fevereiro de 2005	até 28 de janeiro de 2006	Madeira	–
Cão	de 29 de janeiro de 2006	até 17 de fevereiro de 2007	Fogo	+
Javali	de 18 de fevereiro de 2007	até 6 de fevereiro de 2008	Fogo	–
Rato	de 7 de fevereiro de 2008	até 25 de janeiro de 2009	Terra	+
Boi	de 26 de janeiro de 2009	até 13 de fevereiro de 2010	Terra	–
Tigre	de 14 de fevereiro de 2010	até 2 de fevereiro de 2011	Metal	+
Coelho	de 3 de fevereiro de 2011	até 22 de janeiro de 2012	Metal	–
Dragão	de 23 de janeiro de 2012	até 9 de fevereiro de 2013	Água	+
Serpente	de 10 de fevereiro de 2013	até 30 de janeiro de 2014	Água	–
Cavalo	de 31 de janeiro de 2014	até 18 de fevereiro de 2015	Madeira	+
Carneiro	de 19 de fevereiro de 2015	até 7 de fevereiro de 2016	Madeira	–
Macaco	de 8 de fevereiro de 2016	até 27 de janeiro de 2017	Fogo	+
Galo	de 28 de janeiro de 2017	até 15 de fevereiro de 2018	Fogo	–
Cão	de 16 de fevereiro de 2018	até 4 de fevereiro de 2019	Terra	+
Javali	de 5 de fevereiro de 2019	até 24 de janeiro de 2020	Terra	–
Rato	de 25 de janeiro de 2020	até 11 de fevereiro de 2021	Metal	+
Boi	de 12 de fevereiro de 2021	até 31 de janeiro de 2022	Metal	–
Tigre	de 1º de fevereiro de 2022	até 21 de janeiro de 2023	Água	+
Coelho	de 22 de janeiro de 2023	até 9 de fevereiro de 2024	Água	–
Dragão	de 10 de fevereiro de 2024	até 28 de janeiro de 2025	Madeira	+
Serpente	de 29 de janeiro de 2025	até 16 de fevereiro de 2026	Madeira	–
Cavalo	de 17 de fevereiro de 2026	até 5 de fevereiro de 2027	Fogo	+
Carneiro	de 6 de fevereiro de 2027	até 25 de janeiro de 2028	Fogo	–
Macaco	de 26 de janeiro de 2028	até 12 de fevereiro de 2029	Terra	+
Galo	de 13 de fevereiro de 2029	até 2 de fevereiro de 2030	Terra	–
Cão	de 3 de fevereiro de 2030	até 22 de janeiro de 2031	Metal	+
Javali	de 23 de janeiro de 2031	até 10 de fevereiro de 2032	Metal	–

Os signos e as horas

Das 23h à 1h, horas governadas pelo Rato
Da 1h às 3h, horas governadas pelo Boi
Das 3h às 5h, horas governadas pelo Tigre
Das 5h às 7h, horas governadas pelo Coelho
Das 7h às 9h, horas governadas pelo Dragão
Das 9h às 11h, horas governadas pela Serpente
Das 11h às 13h, horas governadas pelo Cavalo
Das 13h às 15h, horas governadas pelo Carneiro
Das 15h às 17h, horas governadas pelo Macaco
Das 17h às 19h, horas governadas pelo Galo
Das 19h às 21h, horas governadas pelo Cão
Das 21h às 23h, horas governadas pelo Javali

2024
Ano do Dragão

De 10 de fevereiro de 2024 a 28 de janeiro de 2025

O dragão é um ser místico por natureza, envolto em mistérios, e representa força e ostentação. Na China, era admirado por ser poderoso e justo. No ano do Dragão, a base para tudo será a justiça, pois, com sua alma nobre e honrada, as pessoas serão capazes de serem mais empáticas entre si, solidarizando-se assim com a dor e a perda dos demais.

Para aqueles sob o signo do Dragão, seu senso de justiça os tornará indivíduos sem grandes conflitos interiores. Isso, aliado a uma força motriz muito intensa, fará deste ano um período bastante positivo e intenso.

O Dragão sempre está em busca de reconhecimento, visto que é entusiasta e intuitivo, e admira os resultados conquistados, mesmo que o sejam fora dos padrões impostos pela sociedade. Como justiça e honra são sinônimos para o Dragão, ele dificilmente admitirá a opressão e a injustiça, tornando-se até um pouco vingativo se as observar em alguma situação.

O ano do Dragão favorece estudos, trabalhos autônomos e viagens curtas, sendo também excelente para rever antigos projetos e negócios deixados em segundo plano. Na parte sentimental, a insegurança pode acarretar certo tipo de prejuízo amoroso, pois, na busca incessante pela alma gêmea, certas nuances de humor podem resultar em relacionamentos mal resolvidos. Os nativos deste signo precisam ser constantemente motivados pelo ser amado, pois correm o risco de vivenciar grandes conflitos, devido à sua natureza não passiva. O ano de 2024 será marcado ainda por um período de grande progresso, tanto de ordem financeira quanto profissional, sendo também positivo para ganhos materiais e possíveis romances.

Eis o que nos reserva o ano do Dragão

RATO: Ano favorável para ganhos materiais e sucesso na vida profissional, mas tudo dependendo de sua motivação e foco. O nativo deste signo vai observar melhora na autoestima e, mediante os resultados alcançados, o sucesso será garantido na parte sentimental. O Rato em geral dedica grande atenção ao ser amado, só devendo ser um pouco mais moderado, para não sufocar o outro no relacionamento. A imaginação será estimulada na área de projetos e desempenho profissional, e isso de maneira muito positiva, melhorando bastante seu relacionamento pessoal e interpessoal.

BOI: O nativo deste signo tem por característica um certo capricho, uma espécie de olhar clínico, o que às vezes o leva a gastar mais do que ganha; fique atento para não fazer isso. No amor, não enfrentará nenhum tipo de problema, pois sempre sabe lidar bem com as situações, embora deva tomar cuidado com sua ingenuidade nos assuntos do coração, o que por vezes o faz sofrer. No campo da saúde, você não enfrentará nenhum problema de grande gravidade, sentindo-se com muita energia e disposição. Vitalidade será o termo-chave deste ano.

TIGRE: A tônica deste ano será o controle das emoções. Seu temperamento intempestivo não ajudará em nada nesse período em que tranquilidade e reflexão se farão necessários e serão muito positivos. Ao longo do ano, atritos e conflitos, além do habitual, o aguardam; sendo assim, pense antes de agir.

No campo amoroso, tudo vai muito bem, obrigado, mas tome cuidado com suas indecisões, pois mesmo a pessoa mais romântica e atenta ao parceiro pode desistir quando persiste a indecisão. Evite ser possessivo e ciumento!

Na área profissional, haverá certa tensão e muitas negociações, tendo como premissa pequenos prejuízos quando o assunto for vendas, porém sem grandes repercussões na vida financeira.

COELHO: Ano de muito trabalho e perseverança para alcançar os objetivos, sejam eles profissionais ou pessoais. Tente ser mais moderado e receptivo a críticas que sejam construtivas. Como sua autoestima é sempre elevada, não há dúvida de que alcançará seus objetivos, realizando todos os planos com os quais sempre sonhou. Uma dica é não ficar em cima do muro e explicitar suas opiniões. Mantenha o orçamento equilibrado, evitando gastos desnecessários. Na área dos relacionamentos, tome uma decisão, pois é difícil se entregar cem por cento se estiver dividido emocionalmente. No mais, será um ano repleto de realizações.

DRAGÃO: A máxima para este ano é diplomacia! Tome cuidado com sua natureza altiva e explosiva, seja no quesito profissional, seja no pessoal. Atenção também aos relacionamentos familiares. De modo geral, saiba guardar segredos e meça suas palavras. Momento ideal para um casamento ou relacionamento amoroso. No campo profissional, a recompensa pelo trabalho árduo acabará chegando, uma vez que, quando o Dragão tem uma meta, ele não mede esforços para atingi-la. Evite desgastes físicos, para poupar sua saúde, sobretudo na área da coluna. Uma dica é não ficar irritado se as coisas não acontecerem de uma hora para outra.

SERPENTE: Ano muito positivo para estes nativos, e o retrato disso serão as viagens comerciais e de lazer. Deixe de lado velhos conceitos e esteja preparado para uma mudança significativa de vida. No entanto, nem tudo será um mar de rosas; no relacionamento, tanto familiar quanto pessoal, fique atento a pequenos conflitos. No terreno profissional, evite riscos desnecessários e exageros. Sempre mantenha o foco e a ponderação! Como foi dito, sendo este um ano positivo, você poderá alcançar as melhores coisas da vida, portanto, deixe de lado a insegurança e renda-se ao pensamento de que você é extremamente capaz. Evite a possessividade e conte sempre com seu círculo de amigos, pois eles serão úteis no decorrer deste período.

CAVALO: Está na hora de fazer uma reengenharia em sua vida. Pare para refletir no que realmente tem importância para você e siga seus instintos. É o momento ideal de cuidar de si mesmo, de mudar sua rotina, ingressar em uma academia, viajar etc. No campo amoroso, você se esforçará ao máximo para conquistar de vez a pessoa amada, e será recompensado por isso. Suas nuances de humor, no entanto, poderão acabar trazendo problemas de saúde de ordem emocional, como estresse e baixa imunidade. Sendo assim, procure tratar os problemas com mais calma e serenidade, mudando seu modo de agir diante dos acontecimentos.

CARNEIRO: Neste ano, haverá excelentes perspectivas profissionais, como uma nova proposta de emprego ou mesmo uma nova oportunidade de crescimento; fique atento às oportunidades de uma futura sociedade. Tranquilidade e certo grau de introspecção serão de bom-tom nos relacionamentos. Procure não se abater se as coisas não acontecerem da forma como imaginou. Ao longo deste período, cada reação o levará a uma emoção; logo, dê vazão aos seus sentimentos, para evitar futuros problemas de saúde. Sua sensibilidade neste ano estará à flor da pele, por isso, tente ponderar antes de explodir. No campo dos relacionamentos, um amor do passado pode reaparecer, e o sucesso dessa relação vai depender exclusivamente de você.

MACACO: Muitas decisões e desafios o esperam no decorrer deste ano. O Macaco é o signo do zodíaco chinês que tem a maior capacidade inventiva; sendo assim, use isso a seu favor, deixando de lado o ciúme e a possessividade, e tente ser mais empático com as pessoas que o cercam. Por sua flexibilidade, habilidade comercial e espírito empreendedor, essas características serão de extrema utilidade neste período para sanar conflitos profissionais, assegurando-lhe uma posição de destaque. Cuidado com os relacionamentos do passado, pois eles podem prejudicar seu relacionamento do presente. No quesito saúde, você pode ter algum problema relacionado ao estômago ou à parte renal, mas sem grandes intercorrências. Ainda assim, procure manter uma dieta equilibrada e ingerir bastante líquido.

GALO: Sabe aqueles projetos deixados em segundo plano? Este será um ano propício para sair da estagnação! Tente concretizá-los neste período, e conte com o auxílio de amigos e parentes para isso.

Os nativos deste signo, por possuírem temperamento muito forte, são por natureza especialistas em confusões, o que faz sua vida amorosa carecer de tranquilidade. Contudo, o período é de prosperidade e harmonia nos relacionamentos. Na área financeira, haverá bastante abundância, com emprego novo, projetos futuros e viagens.

CÃO: Excelente ano para o relacionamento familiar, com muita tranquilidade e harmonia. Por mais incerta que a sua situação financeira possa parecer, neste ano dinheiro não será problema; muitas oportunidades aparecerão de maneira inesperada. Por ser uma pessoa fiel aos seus princípios, poderá haver certa disputa no ambiente familiar e profissional, mas não se desespere – com seu senso apurado de justiça, as coisas entrarão nos eixos. Embora neste período possam ocorrer mudanças de emprego e dissolução de uma sociedade, você não ficará sem recursos. É preciso dar atenção especial à saúde, mantendo uma dieta equilibrada e evitando exageros.

JAVALI: Você terá um impulso na carreira devido a seu esforço e produtividade. Ao longo do ano, tudo estará a seu favor para deslanchar profissionalmente, e a tônica serão as parcerias comerciais. No quesito relacionamento, pelo fato de o Javali ser o mais crédulo e o mais puro de todo o zodíaco chinês, você tardará a encontrar sua cara-metade. Sendo assim, controle sua busca apenas por prazer e concentre-se em relacionamentos mais estáveis, pendendo para o lado emocional. Na área da saúde, o ano será bastante tranquilo, visto que você estará mais saudável do que nunca, a não ser por alguma gripe ou um ligeiro mal-estar.

Tendências Astrológicas para o Brasil em 2024

Conforme a tradição caldaica, estamos desde 2017 em um grande ciclo de Saturno, e o ano de 2024 será também regido por Saturno, reforçando o caráter corretivo e reestruturador deste planeta na consciência coletiva. No último grande ciclo de Saturno, que ocorreu de 1765 a 1800, tivemos o auge do Iluminismo e a Revolução Francesa, que determinaram a revisão das hierarquias sociais, dando surgimento à noção de indivíduo e aos direitos humanos fundamentais.

Podemos esperar em 2024 um ano de importantes reestruturações sociais e com maior foco no trabalho e na produtividade para melhoria dos indicadores econômicos. Haverá predisposição a corte de gastos, revisões na legislação, responsabilizações exemplares, fiscalizações e medidas mais severas para a garantia da ordem pública. Bom ano para o setor imobiliário e de infraestrutura.

Na vida pessoal, é um ótimo momento para desenvolver a disciplina e os cuidados com o corpo, favorecendo ainda a reorganização financeira e a vida profissional. Será importante estabelecer limites claros nos relacionamentos, assumindo com seriedade as responsabilidades. Este é um ano para decisões sensatas e ações cautelosas, pois as conquistas virão pelo esforço e comprometimento.

REVOLUÇÃO SOLAR

Para este ano, a Revolução Solar tem um Sol de Casa XII, indicando a tônica da solidariedade, especialmente com ações voltadas às populações vulneráveis e pessoas com deficiência. Com oposição de Saturno e quadratura da Lua, este Sol prenuncia trabalho árduo pela frente e sacrifícios pelo bem comum, chamando a atenção para medidas mais eficientes na segurança alimentar e na saúde pública, que inclui a saúde mental, e a liberação de tratamentos compassivos para quem sofre de adoecimentos graves.

Bons prognósticos vêm de Júpiter e Urano em Touro na Casa VIII, em bom aspecto com o Sol, favorecendo inovações significativas no setor econômico e financeiro, e atraindo investimento estrangeiro no país, notadamente a partir do uso responsável dos recursos naturais e do compromisso com a proteção ambiental, que poderão ser convertidos em um novo tipo de moeda. Júpiter também sinaliza revisões tributárias que beneficiem a população e indica bons resultados em acordos internacionais. Urano evidencia a utilização inteligente das riquezas do país em proveito da coletividade.

Com Libra no Ascendente, este será um período que pede união nacional. Marte em ascensão traz a marca do diálogo e das alianças inteligentes, o que pode impulsionar o Brasil no cenário mundial, com destaque para ações diplomáticas. Os eclipses de 2024 ocorrerão no eixo das Casas I e VII da Revolução Solar, reiterando a proeminência do Brasil no cenário internacional.

O nodo norte está próximo a Quíron em Áries, sinalizando medidas inovadoras que visem a reparações históricas – no caso do Brasil, isso envolve as questões indígenas, o racismo estrutural e as ditaduras militares. Por coincidirem com o eixo da justiça no mapa do país, é possível que haja novas leis garantindo direitos ou implementando ações afirmativas a fim de compensar injustiças de longa data, o que contará com amplo apoio da mídia.

Vênus bem posicionada em Leão na Casa XI indica que o futuro é feminino, favorecendo o ingresso das mulheres em posições de liderança e maior representatividade feminina na política. A quadratura com Júpiter mostra que a força de trabalho e a inteligência das mulheres não podem continuar sendo desperdiçadas; temos de reconhecer a participação que as mulheres sempre tiveram nas conquistas da humanidade, ainda que tenham sido apagadas da história. É urgente que sejam garantidos a elas meios de participarem ativamente da vida coletiva, em igualdade de condições, acelerando assim a construção de um futuro melhor para todos.

Todavia, Lilith em Leão traz um complemento a essa reflexão, mostrando o quanto a violência doméstica e o exercício solitário da maternidade sobrecarregam as mulheres e as afastam de uma vida digna, a ponto de muitas não desejarem mais o casamento como caminho de realização pessoal. Sabemos que o lar é o ambiente de maior risco de agressão para as mulheres e que a maioria dos feminicídios é praticada por ex-companheiros. É imprescindível, portanto, garantir que a vida em família seja de fato segura para as mulheres. Essa posição favorece a formação de institutos e ONGs que trabalhem na educação sobre essa temática e no amparo às mulheres vítimas de violência.

A Lua está em Gêmeos na Casa IX e promete trazer de volta a alegria do brasileiro, com ênfase nas áreas do entretenimento, especialmente música e cinema, bem como nos esportes e no turismo. Essa posição também sinaliza a necessidade de maior cuidado com a infância e a juventude, pedindo revisões na grade curricular escolar a fim de se fazer justiça a quem depende da educação pública, o que garantirá a igualdade de oportunidades na aprendizagem e oferecerá acesso a uma instrução de fato formadora e preparatória do indivíduo.

Plutão em bom aspecto com Urano e Júpiter, e indiretamente fazendo bom aspecto ao Sol, prenuncia um período de reorganizações estruturais na atuação do Estado, que ocorrerão de forma inventiva e horizontal, ou seja, rompendo com paradigmas obsoletos de privilégios hierárquicos que não fazem mais sentido no mundo atual – que é plural, globalizado e interdependente.

O futuro pede posturas inovadoras e cooperativas. Podemos apostar no talento brasileiro para reimaginar cenários e reescrever histórias, e, com uma grande aliança entre os vários setores da sociedade, criarmos novas, e mais belas, realidades.

MOMENTOS IMPORTANTES DO ANO

Entramos em 2024 com um belo trígono do elemento Terra, que promete impulsionar a produtividade e as finanças do país. Júpiter em trânsito sobre Saturno natal na Casa III indica o fortalecimento da construção civil, das telecomunicações, da imprensa e do setor editorial, bem como prenuncia aprimoramentos na área da educação. Urano em trânsito pela Casa IV impulsiona investimentos em preservação ambiental e climática.

Em janeiro, terão destaque os temas de saúde pública, saúde mental e proteção à mulher no ambiente de trabalho. Plutão passando pela Casa XII indica a revelação de informações importantes que podem alterar as práticas nessas áreas.

Em fevereiro, começamos o mês com algumas dificuldades no comércio, nos investimentos e nas finanças, mas com a participação do Brasil favorecida no cenário internacional, o que sugere parcerias produtivas com outros países no longo prazo. Bom momento para o setor universitário e os transportes.

Em março, traições e escândalos no campo da política podem impactar as esferas de poder. Algumas medidas de contenção de ordem econômica poderão ser necessárias para reordenar as contas, mas também é possível a oferta de crédito solidário voltado às camadas mais populares. Marte sobre o Ascendente em Aquário sugere inovações na ciência e tecnologia.

Em abril, a passagem de Vênus pela Casa II parece aliviar as questões financeiras, enquanto o Sol alinhado a Quíron em Áries sugere medidas concretas que visem a reparações históricas envolvendo os povos originários, a intolerância religiosa, o racismo ou ainda pendências da época da ditadura militar. O eclipse solar deve reforçar a necessidade dessas medidas.

Em maio, a lunação de Touro contará com Urano, Júpiter e Vênus formando um *stellium* com Lua e Sol, com destaque para a Casa IV do país: território e meio ambiente. Grandes obras de infraestrutura, demarcações de terra, capitalização da proteção ambiental e novos recursos energéticos devem se pronunciar nesse período, agitando a economia do país. No final de maio, o setor artístico e de esportes pede atenção.

O mês de junho dá ênfase ao jornalismo, cinema, turismo e aprimoramentos na educação pública. A Lua Cheia neste mês sensibiliza para o melhor cuidado com a infância e a juventude, que precisam de opções mais interessantes para uma instrução de qualidade que inclua o desenvolvimento físico, artístico e relacional, sem se restringir apenas a uma formação tecnicista utilitária, pois se trata de pessoas, e não de máquinas.

Em julho, a lunação canceriana pede mais atenção às questões da maternidade, parto e nascimento, e redes de apoio mais efetivas para as mães trabalhadoras, de maneira que a opção pela maternidade seja compatível com o desenvolvimento profissional. Também terão destaque questões relativas ao sistema prisional e a instituições que promovem tratamento de saúde mental, além dos temas de segurança alimentar e medicina compassiva.

Agosto promete ser um período de mais atenção às demandas femininas e enfatizará a participação das mulheres em posições de representação e liderança. A temática da violência doméstica ganha espaço e pede medidas mais severas contra os agressores. O Brasil viverá mais um bom momento perante a comunidade internacional.

Setembro será um mês para ajustes econômicos e reorganizações financeiras, controle de investimentos e do orçamento público, favorecendo políticas de incentivo ao crédito popular e à renda cidadã.

Em outubro, devemos ter desafios nos setores da justiça, política interna e diplomacia, com eclipses nessas áreas. Porém, um trígono formado pelos signos de Ar promete habilidade para conduzir adequadamente as relações, compondo acordos. Ajustes nas relações de trabalho também ficarão favorecidos.

Em novembro, a figura do representante do país pede mais atenção. Urano na Casa IV dá ênfase às questões de território, recursos naturais e proteção ambiental. Também anuncia a necessidade de preservação do patrimônio cultural dos vários povos que compõem a nação brasileira.

O mês de dezembro traz uma bela promessa, com a Lua Cheia ativando Júpiter em Gêmeos, um símbolo de integração do povo por meio de sua cultura tão rica e diversificada, o que pede ações para assegurar a livre expressão da fé das pessoas nos espaços públicos, protegidas de fanatismos e intolerâncias.

Saturno, Regente de 2024

Saturno é o planeta que rege o signo de Capricórnio, sendo também corregente do signo de Aquário, junto a Urano. Em 2024 estarão dinamizados os valores e princípios simbólicos relacionados a esses dois signos. O primeiro está associado à participação e integração do indivíduo à sociedade, tendo em vista seu desempenho profissional, assim como suas metas de realização e sucesso. Tem relação com seus mais altos propósitos de vida e com o legado que vai deixar para o mundo. Esse signo tem relação também com os governantes e todas as formas de poder e projeção profissional.

O segundo signo diz respeito aos projetos voltados para a coletividade e que devem estar direcionados ao bem-estar ou à evolução de todos os seres. Seus propósitos envolvem a liberdade dos padrões vigentes, a autonomia, a mente universal voltada para o futuro, o conhecimento compartilhado e a criatividade de modo geral.

Saturno é o arquétipo do Velho Sábio, o indivíduo que já adquiriu conhecimento e sabedoria e pode trazer as respostas mais adequadas e inteligentes para que novas metas ou prioridades sejam novamente alcançadas. Saturno como o Deus do Tempo, ou Cronos, na mitologia grega, ensina-nos as virtudes da perseverança, disciplina, seriedade e responsabilidade em relação às nossas ações. A capacidade de organizar ou planejar o futuro para que se possa realizar um destino também diz respeito aos princípios saturninos. Que possamos todos fazer bom uso dessas qualidades, tanto no plano individual quanto no coletivo.

Do ponto de vista pessoal, Saturno nas diferentes casas do mapa de nascimento informará em que áreas o indivíduo vai expressar sua natureza, *mais ou menos* determinada, resiliente, disciplinada e perseverante em relação às suas realizações, tarefas e responsabilidades como um todo em sua vida. É importante a compreensão de que um indivíduo pode potencializar as características positivas de Saturno, assim como obter mais consciência das possíveis dificuldades por ele assinaladas no mapa natal. A Astrologia como poderoso instrumento de autoconhecimento não é simplesmente uma ferramenta para a justificação de tendências, mas sim para o aprimoramento do processo evolutivo de cada um. A seguir, o leitor poderá considerar as tendências de Saturno em Áries ou na primeira casa e assim por diante nos demais signos.

Saturno em Áries

Mais: concentração, perseverança, energia criativa, busca de autonomia e autossuficiência, força para resolver os problemas por conta própria, necessidade de autoafirmação.
Menos: timidez, falta de autoconfiança, querer controlar o que está a sua volta, autoritarismo, dificuldade para cooperar, individualismo.

Saturno em Touro

Mais: pragmatismo, senso de realidade, persistência, resiliência, disciplina. Amor e dedicação intensa ao trabalho, paciência, tenacidade. Econômico, sabe poupar seu dinheiro.
Menos: receio de escassez de recursos, necessidade excessiva de segurança econômica, apego, sentimento de posse exagerado. Natureza cética ou desconfiada. Teimosia obstinada; valores pessoais muito arraigados.

Saturno em Gêmeos

Mais: pensamento disciplinado, talento para trabalho mental, clareza, visão objetiva da vida, facilidade com números e pesquisas, sabe aprender com a experiência, mente concreta.
Menos: dificuldade na comunicação, timidez, inibição, medo do que é irracional ou pouco rotineiro, sarcástico com as palavras, ironia.

Saturno em Câncer

Mais: provedores da família, amor às tradições dos antepassados, profundidade, memória e interesse por assuntos e costumes do passado e pela história de seu país.
Menos: dificuldades emocionais podem ter origem na primeira infância; tendência ao isolamento, necessidade de ser aceito, introversão, melancolia, dificuldade de mostrar as emoções.

Saturno em Leão

Mais: natureza determinada, conservadora, formal e autocentrada. Aprecia demonstrações de afeto; lealdade e confiança, generosidade com aqueles que ama. Valores tradicionais; aprecia a arte clássica.
Menos: natureza centralizadora ou autoritária, que exige muita atenção. Baixa autoestima, dificuldade em perdoar, medo de ser rejeitado ou não confiar na experiência amorosa. Não aceita contrariedades ou limitações.

Saturno em Virgem

Mais: responsabilidade, dedicação ao trabalho, prazer em ser útil e servir ao próximo; atenção aos detalhes, busca a excelência e perfeição em tudo o que faz, pragmatismo e objetividade nas escolhas e decisões.

Menos: sofre por antecipação; preocupação excessiva com a saúde, timidez, perfeccionismo que leva a comportamentos obsessivos, ansiedade, nervosismo, criticismo exagerado.

Saturno em Libra

Mais: imparcial e flexível em seus julgamentos; busca pela justiça e harmonia, capacidade de cooperação, respeito a leis, contratos e formalidades, habilidade de coordenar, trabalhar em equipe, planejar, organizar grupos, inteligência social.

Menos: pouco cooperativo, falta de interação, habilidade ou traquejo social, trabalha demais pelos outros, condescendência, não cumpre compromissos, falta de diplomacia, não sabe ouvir.

Saturno em Escorpião

Mais: senso de determinação, intensidade e profundidade nas relações. Tenacidade e determinação para atingir os objetivos. Talento para profissões de ajuda; interesse por temas relacionados à psique humana, assim como por ocultismo, simbologia e magia.

Menos: natureza obsessiva, necessidade de controlar os outros, manipulação, ciúmes, desconfiança, medo de traição, não reconhece seus erros, tendência ao ressentimento ou desejos de vingança.

Saturno em Sagitário

Mais: mente filosófica e penetrante, idealismo, honestidade, desejo de conhecer a verdade; busca pela ordem, por leis ou espiritualidade. Retórica forte, otimismo realista, intuição. Amor pelos desafios e pela busca do significado da vida.

Menos: intolerância, fanatismo, radicalidade ou rigidez nas opiniões, quer impor suas crenças aos outros, intransigência. Dificuldade com contrariedades; frustrações que podem levar a estados depressivos.

Saturno em Capricórnio

Mais: valoriza o status social, desejo de poder, ambição, interesse pela ciência e pela política. Capacidade de organizar, assumir grandes responsabilidades, ser uma autoridade em sua área de atuação. Austeridade, natureza conservadora e séria.

Menos: ceticismo, obstinação para chegar aonde quer, visão materialista da vida, ironia. O trabalho em excesso acaba gerando distanciamento familiar ou frieza nos sentimentos.

Saturno em Aquário

Mais: consciência grupal, responsabilidade em relação ao grupo a que pertence, foco na vida social e fraterna, gosta de contribuir para a coletividade. Mente original, visão humanitária e global do todo; é voltado para o futuro, amor pela ciência e tecnologia.

Menos: exigente em suas relações, não gosta de superficialidade, não se enquadra nas normas sociais. Sentimento de inadequação ou solidão, insegurança, medo de não ser reconhecido ou valorizado por suas ideias. Arrogância intelectual.

Saturno em Peixes

Mais: forte sensibilidade psíquica, busca por espiritualidade ou misticismo, natureza empática, sentir-se responsável pelo bem-estar da coletividade, generosidade com os mais fracos e vulneráveis.

Menos: dificuldade em aceitar a realidade e o sofrimento, melancolia, imaginação excessiva, fragilidade psíquica, vitimização, sentir-se culpado por seus erros ou sacrificar desejos e necessidades pelo bem-estar do outro.

Particularidades e correspondências astrológicas de Saturno

- **Elementos:** Terra e Ar.
- **Signos que rege:** Capricórnio e Aquário.
- **Ritmos:** cardinal e fixo.
- **Funções psíquicas:** sensação e pensamento.
- **Natureza:** pragmática, realista, perseverante, materialista e racional.
- **Metal:** chumbo.
- **Pedras:** ônix, turmalina preta e obsidiana.
- **Cores:** preta, nuances de cinza e marrom.
- **Dia da semana:** sábado.
- **Árvores:** carvalho e cipreste.
- **Animais:** cabra-montanhesa, tartaruga, camelo e jumento.
- **Partes do corpo que rege:** dentes, ossos, articulações, pele, sais minerais, cabelos e unhas.
- **Patologias:** atrofias, paralisias, problemas ósseos, artroses, vitiligo, alergias, cálculos renais, reumatismo, surdez.
- **Símbolos:** a cruz da matéria sobre o semicírculo ou crescente da Lua; a foice de Cronos. A cruz está associada à Terra, enquanto a semicircunferência lunar é associada à Água e às emoções. A foice foi um dos primeiros instrumentos agrícolas, sendo assim um atributo das divindades agrícolas, como foi Saturno/Cronos.
- **Profissões e atividades:** executivos, técnicos, políticos, matemáticos, engenheiros, mineradores, professores, fazendeiros.
- **Características positivas:** ambição, perseverança, realização, determinação, responsabilidade, planejamento, eficiência, cautela, resiliência.
- **Características negativas:** frieza, distanciamento, ironia, ceticismo, pessimismo, melancolia, timidez, inflexibilidade, medos, materialismo excessivo, avareza, depressão.

Saturno na mitologia, na astrologia, na alquimia, na astronomia e no tarô

Saturno na mitologia

Na cosmogonia, Saturno ou Cronos, na mitologia grega, era o filho caçula de Urano, o Céu, e de Gaia, a Mãe Terra, que eram o casal primordial. O céu estrelado é masculino e a terra é feminina; assim sendo, essas duas forças opostas geraram inúmeros filhos: os Titãs, que formaram a primeira dinastia da mitologia grega, os Cíclopes e os gigantes Hecatônquiros. No entanto, Urano não suportava seus filhos e não permitia que eles saíssem do ventre materno. Espremidos no ventre de Gaia, faziam sua mãe gemer de dor e tristeza. Revoltada com essa situação, Gaia pediu ajuda a seu filho mais novo, o titã Cronos, dando-lhe uma foice. Cronos aceitou o desafio de destruir o pai, e com a foice cortou os testículos dele e os lançou ao mar.

Do sangue de Urano que caiu na terra nasceram as Erínias, os Gigantes e as Ninfas. Do esperma que caiu no mar nasceu Afrodite, a mais bela das deusas, dentro de uma concha de madrepérola. Gemendo de dor, Urano bateu em retirada, afastando-se de Gaia. Cronos assim libertou seus irmãos: Oceano, Ceos, Crio, Hiperion, Jápeto e as titânides Teia, Reia, Têmis, Mnemósine, Febe e Tétis. Desde então, o espaço entre o céu e a terra ficou livre, e pudemos assistir ao nascimento do dia e da noite, que se intercalavam continuamente.

Depois de castrar seu pai, Cronos tomou o poder e instaurou a segunda dinastia. Casou-se com sua irmã, Reia, e com ela teve seis filhos: Héstia (Vesta), Deméter (Ceres), Hera (Juno), Hades (Plutão), Poseidon (Netuno) e Zeus (Júpiter).

Cronos sabia da existência de uma profecia segundo a qual ele seria destronado por um filho. Assim, com medo, acabou devorando os primeiros filhos assim que nasceram nasciam?. Reia, que não mais suportava essa violência, fugiu para Creta. Dentro de uma caverna, deu então à luz seu caçula, Zeus, que ficou aos cuidados das Ninfas, sendo amamentado pela cabra Amalthéa. Reia voltou rápido para Cronos, levando consigo uma pedra envolta em um pedaço de pano. O marido, achando que era o filho recém-nascido, engoliu-a imediatamente.

Já em idade adulta, com a ajuda de Métis, Zeus voltou para casa e fez seu pai beber uma poção mágica chamada *pharmakon*. Mal Cronos a engoliu, começou a vomitar todos os seus filhos, agora já adultos.

Houve em seguida uma grande batalha pelo poder do mundo que durou longos dez anos. Ao final, Zeus, o futuro deus invencível do Olimpo, foi o vencedor. A vitória de Zeus restabeleceu a ordem no mundo. Cronos foi viver na Península Itálica, sendo lá hospedado por Janos. Na Itália, vivenciou então o que foi chamada a Idade de Ouro, quando a terra tudo produzia de forma abundante.

Saturno (Cronos) foi, portanto, um herói civilizador, tendo sido cultuado como deus da agricultura e da fertilidade no início da civilização romana.

Saturno na astrologia

Como já vimos, Saturno será o regente de 2024. Esse ciclo deixará em evidência os valores a ele relacionados, tais como perseverança e participação e responsabilidades na vida social. Saturno é o senhor do tempo e de tudo o que se consolida através das formas visíveis, das estruturas sólidas, da ação, do pragmatismo e da razão. É o símbolo da sabedoria que o indivíduo alcança geralmente na idade madura. Trata-se do último planeta visível a olho nu, significando também os limites da natureza. É ele quem pode estruturar as formas, promover a integração de valores, leis e conhecimentos que devem estar presentes nas instituições. E estas, por sua vez, dão sustentação às organizações sociais. É o poder do Estado, dos políticos e dos governantes.

No mapa individual, Saturno pode indicar barreiras internas, isolamento, temores, os pontos vulneráveis de um indivíduo. E também as perdas e limitações que fazem parte da história de cada um. Obstáculos existem para que o desenvolvimento de algo ou alguém possa acontecer. A atitude simbólica relacionada a Saturno não representa meramente um ato heroico, de luta ou superação de um problema ou desafio. Tem a ver com a aceitação, o aprendizado e a maturidade, que acabam por promover uma força interior, que muitos chamam de resiliência. Assim como com a capacidade de saber conviver com uma realidade específica, seja ela de dor ou limitação. Isso não é sinônimo de resignação, mas de poder "ressignificar" uma ação ou evento de outra forma, e sob um novo olhar.

Saturno em trânsito no mapa natal é um ciclo que pode vir acompanhado por uma sensação de estar preso ou imobilizado no tempo. Assuntos do passado podem reaparecer para que possam ser enfrentados e reavaliados de outra maneira. Isso permite o encerramento de um ciclo e o início de outro, com mais maturidade emocional ou psicológica. Saturno em trânsito nos informa sobre a importância de aceitar e não resistir à passagem do tempo, às mudanças e ao inexorável envelhecimento do corpo e finitude da vida.

Saturno na astrologia indiana

Shani é o nome de Saturno em sânscrito, palavra que também significa "o que se move lentamente". Na astrologia indiana, Shani governa o signo de Capricórnio (Makara) e de Aquário (Kumbha), simbolizados respectivamente pelo crocodilo e pelo jarro. Na astrologia védica, Shani tem a ver com longevidade, sofrimento, atraso, ambição, autoridade, sabedoria nascida da experiência, lugares solitários. Está relacionado a cabelos, dentes e unhas. Na mitologia védica, ele incorpora o planeta Saturno como sendo representado por um homem negro, vestido também de negro. Usa uma espada, carrega consigo flechas e punhais, e vem montado em um abutre.

Saturno na alquimia

Na alquimia vemos as metáforas das transformações pelas quais passamos ao longo da vida. A Grande Obra, ou Pedra Filosofal, era a descrição de um processo bastante complexo de transformação da natureza humana, para que no final ela pudesse espelhar seu aspecto divino. Dito de forma extremamente simples, o alquimista deveria transformar o metal chumbo (Saturno) no metal ouro (Sol). Nesse processo, o objetivo da obra era achar Deus na matéria, além do metal ouro, cuja natureza nobre e brilhante é o símbolo do "Eu espiritual transformado. O "*opus*" estaria destinado a aperfeiçoar o homem, a obra inacabada de Deus.

Saturno na astronomia

Saturno leva 29 anos e meio, aproximadamente, para completar o período de translação em torno do Sol. Do ponto de vista astronômico, é o segundo maior planeta do sistema solar, atrás apenas de Júpiter, sendo um espetáculo visível a olho nu. É conhecido como o "planeta dos anéis", o que há muito tempo lhe confere uma aura especial entre os demais. Seu sistema de anéis é extremamente fino, embora amplo; tem menos de 1 quilômetro de espessura, mas se estende por cerca de 420 mil quilômetros na superfície do planeta. Saturno também se distingue pelo fato de ser o menos denso do sistema solar: se fosse colocado em um oceano gigantesco, flutuaria. Sua estrutura é semelhante à de Júpiter, composta quase exclusivamente de hélio e hidrogênio, e seu núcleo é rochoso e revestido de hidrogênio metálico e líquido.

É também o planeta que possui a maior família de luas – mais de 60. Embora tenham aparência sólida, os anéis são compostos de bilhões de pedaços de gelo. A força gravitacional das luas de Saturno tem marcante influência no formato desses anéis. Seu maior satélite é Titã, a única lua conhecida que possui uma atmosfera densa e com nuvens. Por essa semelhança com o planeta Terra, o estudo das moléculas orgânicas presentes na superfície do satélite seria de grande utilidade para elucidar a origem da vida. Em seu sistema de satélites, somente 9 luas possuem diâmetro superior a 100 quilômetros. Temos entre elas Encélado, Tétis e Mimas, que é minúscula, com apenas 390 quilômetros de diâmetro. Reia apresenta regiões muito brilhantes e há Jápeto, que é um satélite exterior aos anéis. Janos é o mais interno dos grandes satélites, e Febo, o mais distante do núcleo do planeta, possuindo movimento retrógrado. Outras pequenas luas são Pandora, Epimeteu e Atlas.

Saturno e o tarô

Entre a simbologia astrológica de Saturno e a carta IX do tarô, O Eremita, é possível observar muitas semelhanças – um homem idoso de pé que carrega um bastão e uma lamparina.

Essa carta pode ser entendida em dois níveis: espiritual e tangível. No primeiro, a carta representa o mestre espiritual que direciona seus esforços de forma a alcançar um objetivo superior. Ela diz respeito à necessidade de meditação, pois no silêncio é possível obter a luz dos *insights* ou importantes revelações. No plano tangível, essa carta manifesta autoesclarecimento, autodisciplina, coragem, conhecimento secreto, sabedoria, prudência, renúncia, solidão e tradição. Pode também expressar a liberação de tudo o que é superficial. A cartomancia nos fala do simbolismo do silêncio, da parcimônia, sabedoria e necessidade de conhecer mais profundamente os limites da existência humana.

No aspecto divinatório, O Eremita indica um período de exílio ou recolhimento da vida mundana. Esse aparente sacrifício da agitação externa pode promover humildade, paciência e sabedoria.

A esse respeito, diz Sallie Nichols, em *Jung e o Tarô – Uma Jornada Arquetípica*:

> Sua lâmpada parece um símbolo adequado para a introvisão individual do místico. Enquanto a ênfase principal da carta do Papa reside na experiência religiosa sob as condições prescritas pela Igreja, o Eremita nos oferece a possibilidade da iluminação individual como potencial humano universal, uma experiência não limitada a santos canonizados, mas colocada, até certo ponto, ao alcance de toda a espécie humana [...].
>
> O Eremita do Tarô, portanto, pode simbolizar a espécie humana, o solitário viandante sobre a Terra, que carrega apenas a lampadazinha da consciência presente a fim de iluminar a sempre crescente propensão para a massa que ameaça avassalar o mundo. O homem se acha no limiar de uma revolução potencial na consciência humana. Talvez a ajuda necessária desça, em verdade, dos céus: talvez só possa ser encontrada nas constelações celestes do seu próprio interior.

Entrada do Sol nos Signos para 2024

Signo	Data	Horário
AQUÁRIO	20 de janeiro	11h08
PEIXES	19 de fevereiro	1h14
ÁRIES	20 de março	0h08
TOURO	19 de abril	11h01
GÊMEOS	20 de maio	10h01
CÂNCER	20 de junho	17h52
LEÃO	22 de julho	4h46
VIRGEM	22 de agosto	11h56
LIBRA	22 de setembro	9h45
ESCORPIÃO	22 de outubro	19h16
SAGITÁRIO	21 de novembro	16h58
CAPRICÓRNIO	21 de dezembro	6h22

Tábua Solar para 2024

O Sol caminha em média 1 grau por dia ao se deslocar ao longo do zodíaco. Nesta tabela, você vai encontrar a sua posição dele a cada 5 dias, calculada para a meia-noite e a partir do meridiano de Greenwich.

	Janeiro			Fevereiro			Março	
Dia	Posição	Signo	Dia	Posição	Signo	Dia	Posição	Signo
1º	10°2'	Capricórnio	1º	11°35'	Aquário	1º	10°53'	Peixes
5	14°6'	Capricórnio	5	15°39'	Aquário	5	14°54'	Peixes
10	19°12'	Capricórnio	10	20°43'	Aquário	10	19°54'	Peixes
15	24°18'	Capricórnio	15	25°46'	Aquário	15	24°53'	Peixes
20	29°24'	Capricórnio	20	0°49'	Peixes	20	29°52'	Peixes
25	4°29'	Aquário	25	5°51'	Peixes	25	4°49'	Áries
31	10°34'	Aquário	29	9°53'	Peixes	31	10°45'	Áries
	Abril			Maio			Junho	
Dia	Posição	Signo	Dia	Posição	Signo	Dia	Posição	Signo
1º	11°45'	Áries	1º	11°6'	Touro	1º	11°0'	Gêmeos
5	15°41'	Áries	5	14°59'	Touro	5	14°49'	Gêmeos
10	20°36'	Áries	10	19°49'	Touro	10	19°37'	Gêmeos
15	25°31'	Áries	15	24°39'	Touro	15	24°23'	Gêmeos
20	0°24'	Touro	20	29°28'	Touro	20	29°10'	Gêmeos
25	5°16'	Touro	25	4°17'	Gêmeos	25	3°56'	Câncer
30	10°8'	Touro	31	10°2'	Gêmeos	30	8°42'	Câncer
	Julho			Agosto			Setembro	
Dia	Posição	Signo	Dia	Posição	Signo	Dia	Posição	Signo
1º	9°39'	Câncer	1º	9°14'	Leão	1º	9°3'	Virgem
5	13°28'	Câncer	5	13°4'	Leão	5	12°55'	Virgem
10	18°14'	Câncer	10	17°52'	Leão	10	17°47'	Virgem
15	23°0'	Câncer	15	22°40'	Leão	15	22°38'	Virgem
20	27°46'	Câncer	20	27°28'	Leão	20	27°31'	Virgem
25	2°33'	Leão	25	2°17'	Virgem	25	2°25'	Libra
31	8°17'	Leão	31	8°5'	Virgem	30	7°19'	Libra
	Outubro			Novembro			Dezembro	
Dia	Posição	Signo	Dia	Posição	Signo	Dia	Posição	Signo
1º	8°18'	Libra	1º	9°3'	Escorpião	1º	9°16'	Sagitário
5	12°14'	Libra	5	13°3'	Escorpião	5	13°20'	Sagitário
10	17°10'	Libra	10	18°4'	Escorpião	10	18°24'	Sagitário
15	22°7'	Libra	15	23°6'	Escorpião	15	23°29'	Sagitário
20	27°5'	Libra	20	28°9'	Escorpião	20	28°35'	Sagitário
25	2°3'	Escorpião	25	3°12'	Sagitário	25	3°40'	Capricórnio
31	8°3'	Escorpião	30	8°15'	Sagitário	31	9°47'	Capricórnio

Tábua do Nascimento e Ocaso do Sol
(hora legal de Brasília)

Data	Brasília Nasc. (hora)	Brasília Ocaso (hora)	Rio de Janeiro Nasc. (hora)	Rio de Janeiro Ocaso (hora)	São Paulo Nasc. (hora)	São Paulo Ocaso (hora)
1º de janeiro	05h44	18h47	05h11	18h42	05h23	18h57
11 de janeiro	05h50	18h49	05h18	18h44	05h30	18h58
21 de janeiro	05h56	18h50	05h25	18h43	05h37	18h58
1º de fevereiro	06h01	18h49	05h32	18h40	05h45	18h55
11 de fevereiro	06h06	18h46	05h39	18h35	05h52	18h49
21 de fevereiro	06h10	18h41	05h45	18h28	05h58	18h42
1º de março	06h12	18h35	05h49	18h21	06h02	18h35
11 de março	06h14	18h29	05h53	18h12	06h07	18h26
21 de março	06h16	18h21	05h57	18h02	06h11	18h16
1º de abril	06h17	18h13	06h01	17h52	06h15	18h05
11 de abril	06h19	18h06	06h05	17h42	06h19	17h56
21 de abril	06h21	18h00	06h09	17h34	06h23	17h47
1º de maio	06h23	17h54	06h13	17h27	06h27	17h40
11 de maio	06h26	17h50	06h17	17h21	06h32	17h34
21 de maio	06h29	17h48	06h22	17h17	06h36	17h30
1º de junho	06h32	17h47	06h26	17h15	06h41	17h27
11 de junho	06h35	17h48	06h30	17h15	06h45	17h27
21 de junho	06h38	17h49	06h33	17h17	06h48	17h29
1º de julho	06h40	17h52	06h34	17h20	06h49	17h32
11 de julho	06h40	17h55	06h34	17h23	06h49	17h36
21 de julho	06h39	17h58	06h32	17h27	06h46	17h40
1º de agosto	06h35	18h01	06h27	17h32	06h41	17h45
11 de agosto	06h31	18h03	06h20	17h36	06h35	17h49
21 de agosto	06h25	18h05	06h13	17h39	06h27	17h52
1º de setembro	06h17	18h06	06h03	17h43	06h17	17h56
11 de setembro	06h10	18h07	05h53	17h46	06h07	17h59
21 de setembro	06h02	18h08	05h43	17h49	05h57	18h02
1º de outubro	05h54	18h09	05h33	17h52	05h46	18h06
11 de outubro	05h47	18h10	05h24	17h56	05h37	18h10
21 de outubro	05h40	18h12	05h15	18h00	05h28	18h14
1º de novembro	05h35	18h16	05h07	18h06	05h20	18h20
11 de novembro	05h32	18h20	05h02	18h12	05h15	18h27
21 de novembro	05h30	18h25	04h59	18h19	05h12	18h33
1º de dezembro	05h31	18h31	04h59	18h25	05h11	18h40
11 de dezembro	05h34	18h37	05h01	18h32	05h13	18h47
21 de dezembro	05h38	18h42	05h05	18h38	05h17	18h53

Como a variação do horário é mínima, apresentamos apenas o nascimento e ocaso do Sol dos dias 1º, 11 e 21 de cada mês.

Dados cedidos pelo Departamento de Astronomia do Instituto de Astronomia, Geofísica e Ciências Atmosféricas da Universidade de São Paulo.

Tudo o Que Você Precisa Saber sobre a Lua em 2024

Não se pode pensar em fazer previsões sem levar em conta tanto o Sol quanto a Lua. Ambos desempenham um importante papel; a diferença é que afetam áreas diferentes de nossa vida. Enquanto o Sol rege todos os acontecimentos relacionados à lógica e à razão, influenciando nossa maneira de agir de forma prática e como lidar com os obstáculos, a Lua rege todas as nossas emoções e, sendo assim, afeta o modo como vamos nos comportar diante dos acontecimentos e das decisões que devemos tomar para alcançar nossos objetivos.

Lua em Áries: Lua de emoções descontroladas. Suas chances de realizar uma viagem de lazer vão aumentar exponencialmente. Nunca se esqueça de usar a intuição e recorra sempre ao círculo de amizades quando for oportuno e necessário. Procure investir em novos projetos e aproveite as oportunidades.

Lua em Touro: A tônica desta Lua é superar suas expectativas e a si mesmo. Ela também é favorável ao romance e a oportunidades comerciais. Por ser uma Lua que traz agitação, esteja preparado para mudanças bruscas. Tente superar os preconceitos estabelecidos por você; quebre todos os paradigmas.

Lua em Gêmeos: Todos os seus projetos virão no tempo correto, mas, como essa Lua é marcada pela indecisão, use o bom senso para tomar decisões adequadas. Cuidado com mudanças bruscas de humor e fique atento às oportunidades, nem que sua vida profissional tenha de tomar um novo rumo. Talvez surja um convite para uma sociedade.

Lua em Câncer: Seu instinto de proteção e cuidado vai aumentar progressivamente. Você vivenciará certo apego a pessoas e coisas materiais. Procure investir um pouco na vida social e em relações baseadas em amizade. Cuide muito bem da alimentação e apegue-se apenas ao que realmente importa.

Lua em Leão: Lua de cautela e preocupação com as finanças. Este período propicia o investimento em novos projetos de ordem financeira e emocional. Muito cuidado com atitudes extremas; siga em harmonia com seu lado racional e emocional. Confie sempre em si mesmo.

Lua em Virgem: Persevere, tenha foco e positividade – eis as características que vão auxiliá-lo na busca por seus objetivos. Esta é uma Lua de comprometimento, tanto no tocante a relacionamentos quanto a projetos. Invista e planeje, pois o resultado, combinado à influência desta fase, tornará seus sonhos realidade!

Lua em Libra: Mantenha o equilíbrio emocional, e também o espere dos outros; evite conflitos ao máximo! O importante é não ficar em cima do muro, pois todos têm direito a opiniões diferentes. Faça bom uso do seu conhecimento nas questões financeiras. Período favorável para causas na justiça.

Lua em Escorpião: Período de rompimento amoroso; siga sempre sua intuição e voz interior. Evite agir por impulso e cuide em especial da sua imagem, evitando se expor nas redes sociais. Do ponto de vista político, pode haver tendência ao aparecimento de inimigos. Cuide também da saúde.

Lua em Sagitário: Espere conquistas e realizações, tanto no campo espiritual quanto no pessoal. Invista em viagens e círculos sociais. Esteja preparado para certa dose de desavenças, pois nem todos vão concordar com você nem terão sua fé. Período muito favorável a jogos de azar; aproveite essa oportunidade. Evite desperdiçar seu tempo com futilidades e dê atenção especial à sua saúde.

Lua em Capricórnio: Todos os resultados vão depender da sua determinação. Mantenha a paciência e o foco, sendo firme em seus propósitos. Período favorável à colheita dos frutos de seu trabalho. Tenha paciência, pois tudo ocorrerá no devido tempo. Faça exercícios regularmente e use o tempo livre para se dedicar à autoanálise.

Lua em Aquário: Esta Lua vai influenciar os aspectos relacionados a estudos e pesquisas científicas. Fase de muita criatividade, que favorece o intelecto e a introspecção. Fique atento, pois ganhos inesperados poderão surgir. Período bastante favorável ao desenvolvimento de novos projetos e trabalho em equipe.

Lua em Peixes: Esta Lua costuma ser favorável ao trabalho intelectual e aos relacionamentos. Recomendam-se atividades físicas para amenizar o estresse. Mantenha-se firme em suas posições para colher o resultado de seus empreendimentos.

As Lunações e os Trânsitos Planetários para 2024

O movimento dos cinco planetas lentos (Júpiter, Saturno, Urano, Netuno e Plutão) através do Zodíaco indica os ciclos planetários e as tendências das manifestações individuais e coletivas da humanidade. A interpretação astrológica dos trânsitos e dos aspectos dos planetas lentos, bem como a interpretação das lunações mensais, revelam as tendências de processos individuais e coletivos que se refletem na mentalidade das pessoas durante o ano de 2024.

O movimento dos planetas lentos durante o ano de 2024

* **Júpiter** inicia o ano em movimento direto a 5°34' do signo de Touro. Entrará no signo de Gêmeos no dia 26 de maio, a 0°0'. No dia 9 de outubro, entrará em movimento retrógrado a 21°20' desse mesmo signo, terminando o ano ainda em movimento retrógrado a 13°19' de Gêmeos. Júpiter fará sextil com Saturno em Peixes desde 21 de janeiro até o dia 10 de fevereiro. No mês de abril, fará conjunção com Urano em Touro a partir da segunda quinzena até o final desse mês. Em maio, Júpiter fará sextil com Netuno em Peixes nos últimos dez dias do mês. Na última semana do mês de maio, Júpiter fará um trígono com Plutão em Aquário até o fim da primeira semana de junho. Entre 15 e 25 de agosto, Júpiter em Gêmeos fará uma quadratura com Saturno em Peixes, que se repetirá entre 20 e 31 de dezembro de 2024.

* **Saturno** inicia o ano em movimento direto a 3°14' de Peixes. Em 29 de junho, inicia movimento retrógrado a 19°25' desse signo. Em 15 de novembro, volta ao movimento direto, a 12°41' de Peixes, terminando o ano a 14°26' desse mesmo signo. Saturno fará um sextil com Júpiter em Touro nos últimos dez dias de janeiro até

o dia 10 de fevereiro. Fará também uma quadratura com Júpiter em Gêmeos entre os dias 15 e 25 de agosto, aproximadamente, e esse mesmo aspecto se repetirá com Saturno em movimento direto nos últimos dez dias de dezembro de 2024.

✸ **Urano** inicia o ano em movimento retrógrado, a 19°23' do signo de Touro, e, no dia 27 desse mês, inicia movimento direto a 19°5' desse signo. No dia 2 de setembro, inicia movimento retrógrado a 27°15', terminando o ano de 2024 a 23°39' desse mesmo signo. Urano fará conjunção com Júpiter na segunda quinzena de abril.

✸ **Netuno** inicia o ano a 25°4' de Peixes, em movimento direto. No dia 2 de julho, inicia movimento retrógrado a 29°55' desse mesmo signo. Em 7 de dezembro, a 27°7', retoma o movimento direto, terminando o ano a 27°17' de Peixes. Netuno fará um sextil com Júpiter entre 20 e 31 de maio, aproximadamente.

✸ **Plutão** inicia o ano em movimento direto a 29°21' de Capricórnio, e entrará em Aquário a 0°1' de Aquário no dia 22 de janeiro. No dia 2 de maio, inicia movimento retrógrado a 2°6' desse mesmo signo, entrando em Capricórnio a 29°58' no dia 3 de setembro. No dia 11 de outubro retoma o movimento direto a 29°38' desse mesmo signo. No dia 20 de novembro, entra a 0°0' do signo de Aquário, terminando o ano de 2024 a 1°2' desse mesmo signo. Plutão fará trígono com Júpiter na última semana de maio até o final da primeira semana de junho de 2024.

Interpretação dos trânsitos dos planetas lentos em 2024

Em janeiro e fevereiro temos um sextil entre Júpiter e Saturno, que sinaliza bom planejamento e resultados positivos na área do agronegócio; a produção de alimentos em nosso país continua em fase crescente. Isso vale também para a agricultura familiar, o que promove um crescimento econômico mais descentralizado, favorecendo municípios e pequenos agricultores, que poderão ter mais autonomia em seu trabalho.

Em abril, a conjunção de Júpiter e Urano em Touro pode se manifestar com avanços tecnológicos também voltados para o agronegócio e a agropecuária propiciando níveis de produtividade mais expressivos, tanto no mercado interno quanto nas exportações. Pode haver mudanças significativas nos rumos da economia em geral, com a chegada de novas moedas ou reformulações no sistema financeiro mundial, uma vez que tudo está interligado.

Em maio e junho, Netuno em Peixes e Júpiter em Touro farão um sextil, mostrando os resultados expressivos da conjunção entre esses mesmos planetas que ocorreu em 2022. Esse ciclo é bastante positivo para a expansão da medicina integrativa ou holística, que abrange terapias baseadas em técnicas de meditação, relaxamento, yoga, reiki, acupuntura e florais, entre outras. Esses tratamentos pressupõem o bem-estar físico, mental e espiritual dos indivíduos, indicando possibilidades de crescimento em todos os setores da população. Júpiter e Netuno tendem a expandir também a fé, a espiritualidade, a filosofia, as ações humanitárias e a busca pelo sentido da existência, que não pode ser pautada exclusivamente pelo consumo momentâneo, tampouco pela conquista de bens materiais ou de *status* social.

No final de maio e início de junho haverá um trígono entre Júpiter em Gêmeos e Plutão em Aquário, que estará sinalizando grandes mudanças que estão por chegar na área da tecnologia e internet, acelerando e expandindo a comunicação em todo o mundo, que será cada vez mais digitalizado ou virtual. Isso será visível nos próximos anos, e essa revolução não será apenas no intercâmbio de conhecimentos advindos dos meios de comunicação, mas também no comércio internacional e na ciência em geral. Nossos meios de locomoção serão muito mais rápidos e menos dependentes de combustíveis fósseis; os carros elétricos logo estarão disponíveis para todos. Isso vale também para a implementação mais ágil e ampla de energias renováveis como a solar e a eólica, a fim de viabilizar um planeta menos dependente de carvão e petróleo, que sem dúvida comprometem a economia mundial e também a qualidade do meio ambiente.

Em agosto e final de dezembro, com a quadratura entre Júpiter e Saturno, poderemos perceber um ciclo de mais retraimento no crescimento da economia, além do aumento de gastos públicos ou uma inflação mais acentuada. A queda de produtividade do setor industrial pode ser significativa, no entanto, esse trânsito é rápido e, portanto, essas questões serão equacionadas em tempo relativamente curto. Os setores de comunicação, ensino e turismo podem ser temporariamente afetados por escassez ou má administração de recursos.

As lunações de 2024 – Calculadas no fuso horário de Brasília (DF)

(Observação: neste ano teremos 13 lunações; duas em dezembro.)

1ª lunação

A primeira lunação deste ano ocorrerá no dia 11 de janeiro, às 8h58, a 20°44' do signo de Capricórnio. Além dos luminares, temos Marte e Plutão nesse mesmo signo. Os luminares fazem um trígono com Urano na Casa III. Essa posição promove avanços significativos na área das empresas de comunicação, no setor literário e de educação do Ensino Médio, estimulando atividades comerciais e o turismo interno do país. O planeta Júpiter em Touro faz um ângulo positivo com Marte, sinalizando expansão e iniciativas acertadas relativas a economia, eficiência e agilidade na administração legislativa como um todo. Êxito em temas relevantes da jurisprudência em âmbito nacional que favoreçam o crescimento de exportações e importações. Destaque para Saturno, o planeta regente da lunação que está em Peixes na primeira casa fazendo sextil com Júpiter; corroborando esses bons resultados econômicos, o PIB cresce de forma mais robusta, responsável e segura com lastro na infraestrutura, permitindo bons resultados oriundos de melhor planejamento no longo prazo. Mercúrio em Sagitário e Netuno em Peixes na primeira casa em ângulo de tensão demandam atenção das autoridades para o risco de epidemias e inundações em lugares mais vulneráveis ou degradados do ponto de vista ambiental.

2ª lunação

No dia 9 de fevereiro teremos a segunda lunação, às 20h, a 20°41' do signo de Aquário. Os luminares agora ocupam a sexta casa e fazem quadratura com Urano em Touro e trígono com o Meio do Céu da carta. Imprevistos e oscilações no setor do agronegócio podem ocorrer, mas não devem se estender por muito tempo, já que atualmente essa área não depende apenas de condições climáticas favoráveis, mas também de tecnologia de ponta, o que resulta em maior eficiência e produtividade. Júpiter e Saturno permanecem em sextil no céu planetário, garantindo estabilidade e ações responsáveis na área da economia. Júpiter na oitava casa em quadratura com Mercúrio na quinta casa podem trazer oscilações bruscas ao mercado de capitais, à bolsa de valores, exigindo cuidado e discernimento por parte dos investidores. Vênus está em Capricórnio na Casa V, em trígono com Urano, sinalizando um bom período para investimentos na área da cultura, lazer e entretenimento. Marte em sextil com Netuno em Peixes favorece esse mesmo contexto, valorizando produções culturais, em particular aquelas que envolvem artes visuais, como cinema e fotografia, e também eventos musicais.

3ª lunação

Teremos a terceira lunação desse ano no dia 10 de março, às 6h02, a 20°17' do signo de Peixes. Podemos observar um forte *stellium* próximo ao Ascendente da carta, que inclui também Saturno e Netuno nesse mesmo signo. Marte em Aquário faz sextil com o Meio do Céu, indicando que as boas iniciativas do estado devem incrementar o comércio internacional, com acordos políticos favoráveis. Sol e Lua, os luminares, estão na Casa I em sextil com Urano na Casa III, o que favorece a expansão do uso de internet em escolas, o que facilita a troca de conhecimento e a produção de pesquisas científicas na área educacional.

Plutão em Aquário faz sextil com Mercúrio em Áries, um aspecto benéfico para o setor imobiliário e investimentos nos alicerces de patrimônios culturais do país, além do turismo e comércio interno, assim como o tráfego de mercadorias. Destaque para a ampliação de rodovias e da malha ferroviária, que favorece o aspecto operacional associado ao comércio, ao intercâmbio humano e à mobilidade social. Marte em Aquário em quadratura com Urano em Touro sugerem possíveis acidentes envolvendo companhias aéreas ou usinas que produzam eletricidade, o setor metalúrgico ou indústrias automobilísticas. O setor relacionado a energias renováveis pode sofrer imprevistos devido a falhas humanas.

4ª lunação

A quarta lunação se dará no dia 8 de abril, às 15h22, a 19°24' de Áries. Além da conjunção dos luminares, a carta celeste nos mostra duas conjunções importantes com Saturno e Marte em Peixes, e Júpiter e Urano em Touro, nas Casas VII e IX, respectivamente. Essas configurações planetárias podem trazer inovações tecnológicas relevantes que facilitam movimentações financeiras, além de possíveis mudanças ou regulamentações para moedas internacionais, exportações e a bolsa de valores. Podem do mesmo modo favorecer os estudos superiores, publicações de pesquisas, o intercâmbio de conhecimentos avançados, assim como o turismo internacional. Plutão em Aquário na Casa VI deverá expandir os conceitos de medicina vibracional ou quântica, inovando a aplicação de técnicas de cura cujos tratamentos ainda não se encontram disponíveis para o grande público. É possível pensar que a chegada de carros elétricos também vai quebrar os paradigmas do uso de combustível fóssil, o que certamente propiciará a gradual substituição deles nos próximos anos. As pesquisas espaciais seguem a tendência de novas descobertas.

5ª lunação

No dia 8 de maio, às 0h23, observaremos a 5ª lunação do ano, a 18°02' de Touro. Esse forte *stellium* acontece na Casa III, também nesse signo, com a presença de Júpiter e Urano ocupando a Casa IV da carta celeste. Os luminares fazem sextil com Saturno em Peixes, sinalizando mais planejamento e crescimento na área da educação fundamental, no comércio e turismo interno. A Lua como regente da Casa VI da carta propicia mais eficiência e produtividade ao agronegócio, assim como à área de saúde em geral. Júpiter e Urano também colaboram com os setores das demandas de planejamento sustentável no setor da agricultura, expandido as benfeitorias nesse contexto. Plutão fazendo aspecto positivo com Júpiter pode sinalizar mudanças positivas no Poder Executivo do país com uma jurisprudência mais ágil e pragmática, que, com segurança jurídica, tornará o país mais atrativo para investimentos. Marte em Áries na Casa II também faz aspecto positivo com Plutão estão indicando ações corajosas e rápidas que favoreçam o crescimento do PIB, o tesouro nacional e as instituições financeiras de modo geral.

6ª lunação

No dia 6 de junho, às 9h39, teremos a 6ª lunação do ano a 16°18' de Gêmeos. Na carta celeste, os luminares estão em conjunção exata ao planeta Vênus. Esses três astros estão na Casa XI da carta, em aspecto de tensão com Saturno em Peixes, o que pode sinalizar impasses ou conflitos de interesse no Poder Legislativo, causando frustrações na população. Esse aspecto pode trazer dificuldades à área da diplomacia, ou a parcerias comerciais cujas divergências demandem mais bom senso e pragmatismo daqueles que representam esses setores. Júpiter em conjunção com Mercúrio ocupa a décima casa no signo de Gêmeos, fazendo um trígono com Plutão em Aquário na Casa VII da carta celeste. Essa configuração reduz bastante as tensões do período, uma vez que facilita o entendimento e a boa vontade de todos para que surjam soluções aos conflitos. Esse aspecto também é auspicioso para as áreas de telecomunicação, mídia e comércio eletrônico, além de mudanças positivas na regulamentação desse setor. Netuno em Peixes faz sextil com Urano, o que ratifica essa tendência de mudanças e inovações no setor da tecnologia e das comunicações em escala mundial. Júpiter e Mercúrio, que é o regente da lunação, sinalizam expansão na área econômica, um possível superávit e acordos internacionais que viabilizem investimentos estrangeiros e êxito nas exportações.

7ª lunação

A 7ª lunação deste ano se dará no dia 5 de julho, às 19h59, a 14°23' de Câncer. Os luminares estão na Casa V, e próximos ao planeta Vênus, fazendo um trígono com Saturno na Casa II em Peixes. Esse ângulo positivo propicia ações eficientes em infraestrutura ligada ao saneamento básico, beneficiando especialmente a saúde da população e as questões de poluição fluvial, além de apontar bons resultados na área econômica, com possível elevação do PIB do país. Marte está em sextil com os luminares, favorecendo atividades artísticas e culturais, como dança, teatro e música. Mercúrio está em Leão, em oposição a Plutão em Aquário, e isso pressupõe possíveis conflitos e restrições nas áreas de verbas destinadas a saúde pública, e escassez de recursos para serviços assistenciais.

Saturno faz também um sextil com Marte, que está na Casa III, próximo a Urano, ambos em Touro. Essa configuração traz êxito ao setor de turismo, ao comércio regional e à mobilidade urbana. Urano pode significar a ampliação da malha rodoviária e ferroviária; estando associado a recursos tecnológicos, favorece os setores das mídias sociais, em especial a internet. Essa possibilidade de crescimento e expansão dos meios de comunicação é corroborada pela presença de Júpiter em Gêmeos fazendo sextil com Mercúrio na Casa VI da carta.

8ª lunação

No dia 4 de agosto, às 8h14, teremos a oitava lunação, a 12°34' de Leão. Sol e Lua fazem sextil com Júpiter e Marte, que estão em Gêmeos nas Casas IX e XII, respectivamente. Esse ângulo é bastante favorável para acordos diplomáticos, exportações, importações e troca de conhecimentos com outros países no âmbito do ensino superior. Júpiter no Meio do Céu pode trazer bons resultados em assuntos de jurisprudência, além de eventuais modificações significativas na nossa Constituição Federal. Devido à quadratura que Saturno faz com Júpiter e o Meio do Céu, essas resoluções poderão sofrer retaliações por parte daqueles que querem manter o *status quo* político e suas regalias, as quais não privilegiam o cidadão comum no que diz respeito aos seus direitos e cidadania. Júpiter sendo o regente da Casa IV pode trazer problemas com as fronteiras do país, e forças de oposição poderão atuar com mais intensidade contra as decisões do Poder Executivo.

Plutão está em Aquário na quinta casa, em trígono com Urano em Touro na Casa IX, o que deve movimentar o setor cultural e artístico, assim como a diplomacia internacional o que pode significar bons resultados para a vida financeira do país.

9ª lunação

Teremos a nona lunação deste ano no dia 2 de setembro, às 22h57, a 11°04' de Virgem. Os luminares encontram-se na Casa IV em oposição a Saturno em Peixes na Casa X, podendo trazer ainda problemas com as fronteiras, além de restrições ou resultados abaixo da expectativa no setor do agronegócio. Essa tendência é reforçada pela presença de Mercúrio em Leão em quadratura com Urano em Leão. No entanto, Mercúrio também recebe um sextil de Marte em Gêmeos, o que pode indicar a busca por soluções de curto prazo, para que não haja maiores prejuízos na produção de alimentos e na área do comércio interno.

Vênus ocupa a Casa V em Libra e faz um ângulo positivo com Plutão na Casa IX, mostrando que as atividades artísticas seguem um bom fluxo de atração de investimentos para a área cultural da nação. Neste ciclo, a área de diplomacia também atua de forma mais eficiente visando os interesses do país. Marte em aspecto negativo com Netuno na Casa XI mostra um momento de tensão com o Congresso Nacional, em que podem surgir notícias de corrupção e fraudes, frustrando assim os anseios da população e manchando a imagem do Poder Legislativo.

10ª lunação

Observaremos no dia 2 de outubro a 10ª lunação do ano, a 10°04' de Libra, às 15h50. Os luminares ao lado de Mercúrio estão na oitava casa, em ângulo difícil com Marte em Câncer e sextil ao Meio do Céu. Poderemos ver alguns conflitos internacionais que podem repercutir na economia do país, como alterações bruscas nas bolsas e nos investimentos de risco. Teremos também uma contrapartida planetária cujo simbolismo é um trígono entre Saturno, Marte e Vênus, que estão em Peixes, Câncer e Escorpião, respectivamente. Essa configuração tende a dar mais estabilidade e segurança durante turbulências internas, favorecendo ações cujas premissas são ações pensadas para longo prazo, e não com o intuito de remediar dificuldades circunstanciais. Todos os acordos serão voltados para o bem-estar comum.

Plutão está na Casa XI e recebe um trígono de Urano, o qual também contribui com seu poder renovador; ambos são agentes de profundas transformações nas entranhas da vida política, e por isso mesmo mais definitivas, alterando posturas viciadas e visões de mundo já ultrapassadas. No entanto, o que está envelhecido e cristalizado pode ser regenerado, e isso é ratificado também pela posição de Vênus em Escorpião na Casa IX, exigindo de todos um compromisso com mudanças éticas, ou seja, a receptividade e a inclusão de novos valores que possam dar novos rumos para o país.

11ª lunação

No dia 1º de novembro, às 9h48, veremos a 11ª lunação do ano, a 9º35' de Escorpião. O planeta Saturno se encontra em Peixes, na Casa III, e está em ângulo positivo com os luminares na Casa XI, que representa o Congresso Nacional. Mercúrio também se encontra nessa casa, em aspecto positivo com Netuno na Casa III e com Marte em Câncer na VII. Ações responsáveis e maduras por parte da classe política podem dar frutos, e novas lideranças podem surgir, buscando dar prioridade a obras mais estruturais, tais como novas diretrizes voltadas para a área de educação – Ensino Fundamental.

Júpiter faz oposição a Vênus, que por sua vez faz uma quadratura com Saturno, podendo resultar em tensões nas instituições financeiras, desvalorização da nossa moeda ou ainda inflação por gastos mal dimensionados. Urano, o planeta da renovação, encontra-se na Casa V em aspecto favorável com Marte, Netuno e Plutão, dando assim apoio astrológico favorável a inovações no setor de ciência e tecnologia, além de impulsionar a área de pesquisas e a troca de conhecimentos com outros países. Êxito no uso de energias renováveis.

12ª lunação

No dia 1º de dezembro, às 3h23, teremos a 12ª lunação, a 9º33' de Sagitário. Nesse ciclo vemos o planeta Marte em Leão na décima casa em trígono com Sol e Lua na Casa II da carta celeste. Aqui podemos observar o Poder Executivo administrando de forma mais assertiva novas diretrizes para o setor econômico, superando em parte os impasses da lunação anterior. Por outro lado, Saturno nesta lunação ainda mostra a necessidade de se enxugar mais a máquina pública, que consome grande parte do orçamento do país. Mercúrio em Sagitário faz oposição a Júpiter, mostrando mais uma vez tensões no setor de investimentos de risco; será preciso que os interessados estejam atentos às oscilações na bolsa de valores. Informações manipuladas podem lhes ser muito danosas.

Netuno em Peixes entrando na sexta casa faz um trígono com o Meio do Céu, favorecendo questões de saúde pública e decisões positivas para os servidores públicos. A região Nordeste, mais próspera e recentemente com mais acesso à água para a agricultura, tende a continuar se desenvolvendo, o que faz crescer a economia como um todo da região.

13ª lunação

A 13ª lunação se dará no dia 30 de dezembro, às 19h28, a 9º44' de Capricórnio. Júpiter se encontra na Casa XI, em ângulo difícil com Saturno em Peixes, que por sua vez faz quadratura com Mercúrio em Sagitário na Casa VI da carta. Mais uma vez, temos uma configuração que dificulta a área produtiva e econômica, com possibilidade de greves e paralisações na área dos transportes, prejudicando assim a mobilidade, o comércio em geral e a circulação de produtos e alimentos. No setor legislativo, o Congresso poderá fazer votações de forma arbitrária, cujos resultados não refletem os anseios da população. Isso pode se agravar com a oposição entre Plutão em Aquário e Marte em Leão, sinalizando o descontentamento e a inquietação da população, que pode reagir de forma mais intempestiva. Essa lunação representa dias mais intensos, em que os esforços para acordos podem não ter bons resultados; uma vez acontecendo no final do mês, seus efeitos serão observados em janeiro do próximo ano.

Tábua Lunar em 2024

JANEIRO			
Libra	21h48 do dia 2	Touro	5h13 do dia 18
Escorpião	9h41 do dia 5	Gêmeos	10h59 do dia 20
Sagitário	8h10 do dia 7	Câncer	18h52 do dia 22
Capricórnio	22h34 do dia 9	Leão	4h38 do dia 25
Aquário	0h02 do dia 12	Virgem	16h12 do dia 27
Peixes	0h30 do dia 14	Libra	5h05 do dia 30
Áries	1h50 do dia 16		

FEVEREIRO			
Escorpião	17h38 do dia 1º	Gêmeos	16h41 do dia 16
Sagitário	3h29 do dia 4	Câncer	0h26 do dia 19
Capricórnio	9h10 do dia 6	Leão	10h42 do dia 21
Aquário	11h01 do dia 8	Virgem	22h39 do dia 23
Peixes	10h44 do dia 10	Libra	11h31 do dia 26
Áries	10h27 do dia 12	Escorpião	0h10 do dia 29
Touro	12h03 do dia 14		

MARÇO			
Sagitário	10h57 do dia 2	Câncer	6h42 do dia 17
Capricórnio	18h16 do dia 4	Leão	16h34 do dia 19
Aquário	21h40 do dia 6	Virgem	4h43 do dia 22
Peixes	22h05 do dia 8	Libra	17h39 do dia 24
Áries	21h20 do dia 10	Escorpião	6h04 do dia 27
Touro	21h29 do dia 12	Sagitário	16h53 do dia 29
Gêmeos	0h17 do dia 15		

ABRIL			
Capricórnio	1h06 do dia 1º	Leão	23h25 do dia 15
Aquário	6h09 do dia 3	Virgem	11h12 do dia 18
Peixes	8h14 do dia 5	Libra	0h09 do dia 21
Áries	8h26 do dia 7	Escorpião	12h21 do dia 23
Touro	8h24 do dia 9	Sagitário	22h38 do dia 25
Gêmeos	10h00 do dia 11	Capricórnio	6h39 do dia 28
Câncer	14h46 do dia 13	Aquário	12h21 do dia 30

MAIO			
Peixes	15h53 do dia 2	Libra	7h24 do dia 18
Áries	17h42 do dia 4	Escorpião	19h35 do dia 20
Touro	18h43 do dia 6	Sagitário	5h25 do dia 23
Gêmeos	20h22 do dia 8	Capricórnio	12h37 do dia 25
Câncer	0h14 do dia 11	Aquário	17h46 do dia 27
Leão	7h37 do dia 13	Peixes	21h34 do dia 29
Virgem	18h34 do dia 15		

JUNHO			
Áries	0h29 do dia 1º	Escorpião	3h39 do dia 17
Touro	2h56 do dia 3	Sagitário	13h33 do dia 19
Gêmeos	5h37 do dia 5	Capricórnio	20h10 do dia 21
Câncer	9h42 do dia 7	Aquário	0h15 do dia 24
Leão	16h30 do dia 9	Peixes	3h09 do dia 26
Virgem	2h40 do dia 12	Áries	5h53 do dia 28
Libra	15h13 do dia 14	Touro	9h01 do dia 30

JULHO			
Gêmeos	12h51 do dia 2	Capricórnio	5h15 do dia 19
Câncer	17h53 do dia 4	Aquário	8h44 do dia 21
Leão	0h57 do dia 7	Peixes	10h24 do dia 23
Virgem	10h49 do dia 9	Áries	11h53 do dia 25
Libra	23h08 do dia 11	Touro	14h24 do dia 27
Escorpião	11h54 do dia 14	Gêmeos	18h29 do dia 29
Sagitário	22h26 do dia 16		

AGOSTO			
Câncer	0h20 do dia 1º	Aquário	18h46 do dia 17
Leão	8h11 do dia 3	Peixes	19h53 do dia 19
Virgem	18h18 do dia 5	Áries	20h03 do dia 21
Libra	6h33 do dia 8	Touro	21h01 do dia 23
Escorpião	19h35 do dia 10	Gêmeos	0h05 do dia 26
Sagitário	7h02 do dia 13	Câncer	5h49 do dia 28
Capricórnio	14h52 do dia 15	Leão	14h10 do dia 30

SETEMBRO			
Virgem	0h50 do dia 2	Áries	6h25 do dia 18
Libra	13h13 do dia 4	Touro	6h04 do dia 20
Escorpião	2h20 do dia 7	Gêmeos	7h25 do dia 22
Sagitário	14h27 do dia 9	Câncer	11h51 do dia 24
Capricórnio	23h39 do dia 11	Leão	19h48 do dia 26
Aquário	4h55 do dia 14	Virgem	6h43 do dia 29
Peixes	6h40 do dia 16		

OUTUBRO			
Libra	19h21 do dia 1º	Touro	17h01 do dia 17
Escorpião	8h23 do dia 4	Gêmeos	17h08 do dia 19
Sagitário	20h35 do dia 6	Câncer	19h51 do dia 21
Capricórnio	6h39 do dia 9	Leão	2h25 do dia 24
Aquário	13h32 do dia 11	Virgem	12h49 do dia 26
Peixes	16h56 do dia 13	Libra	1h31 do dia 29
Áries	17h35 do dia 15	Escorpião	14h30 do dia 31

NOVEMBRO			
Sagitário	2h21 do dia 3	Câncer	5h51 do dia 18
Capricórnio	12h18 do dia 5	Leão	10h52 do dia 20
Aquário	19h59 do dia 7	Virgem	20h02 do dia 22
Peixes	1h01 do dia 10	Libra	8h21 do dia 25
Áries	3h27 do dia 12	Escorpião	21h22 do dia 27
Touro	4h00 do dia 14	Sagitário	8h54 do dia 30
Gêmeos	4h10 do dia 16		

DEZEMBRO			
Capricórnio	18h10 do dia 2	Leão	20h40 do dia 17
Aquário	1h22 do dia 5	Virgem	4h38 do dia 20
Peixes	6h50 do dia 7	Libra	16h09 do dia 22
Áries	10h39 do dia 9	Escorpião	5h07 do dia 25
Touro	12h56 do dia 11	Sagitário	16h48 do dia 27
Gêmeos	14h23 do dia 13	Capricórnio	1h38 do dia 30
Câncer	16h22 do dia 15		

Tabela das Luas Fora de Curso

A Lua completa uma órbita em torno da Terra em cerca de vinte e oito dias, ficando em cada um dos signos por cerca de dois dias. Conforme passa pelos trinta graus de cada signo, ela interage com os planetas ao formar ângulos ou aspectos com eles. Como ela se move um grau a cada duas a duas horas e meia, sua influência sobre cada planeta dura apenas algumas horas. À medida que ela se aproxima dos graus finais do signo pelo qual está passando, acaba formando o que será seu último aspecto com outro planeta antes de deixar o signo. A partir deste ponto até ela realmente entrar no novo signo, ela está "fora de curso".

A Lua simboliza o tom emocional do dia e carrega os sentimentos do signo que ela está "vestindo" no momento. Ela rege os instintos. Depois de entrar em contato com cada um dos planetas, ela simbolicamente "descansa", antes de mudar seu figurino, e, portanto, seus instintos ficam temporariamente suspensos. É durante esse tempo que muitas pessoas se sentem confusas, vagas ou dispersas. Planos ou decisões não se concretizam. Sem o conhecimento instintivo que a Lua proporciona ao tocar cada planeta, tendemos a ser irrealistas ou tomar decisões precipitadas. A Lua fora de curso é considerada, por tradição, um período em que os empreendimentos iniciados têm resultados fracos ou pouco significativos, e isso parece ser verdade. Ações iniciadas na Lua fora de curso são muitas vezes desperdiçadas, irrelevantes ou incorretas, geralmente porque as informações necessárias para tomar uma decisão sólida estão ocultas, ausentes ou foram negligenciadas.

Agora, embora não seja uma boa ideia iniciar planos quando a Lua está fora de curso, tarefas rotineiras parecem prosseguir tranquilamente. No entanto, esse período é realmente ideal para o que a Lua faz de melhor: refletir. É nesse momento que podemos assimilar o que ocorreu nos últimos dias. Aproveite, portanto, esse período para meditar, refletir e imaginar. Deixe sua mente consciente descansar e permita-se sentir.

Por outro lado, lembre-se de que existem outros usos positivos para os períodos em que a Lua está fora de curso. Esses são os momentos em que o universo parece estar mais aberto a oferecer oportunidades para você fazer coisas que normalmente não seriam recomendadas ou possíveis durante outros períodos. É um ótimo momento para fazer planos que você não tem vontade de cumprir ou agendar coisas que você não quer fazer. Em outras palavras, como diz o ditado, "Para tudo, há o tempo certo". Inclusive para as Luas fora de curso.

Último Aspecto		Entrada da Lua num Novo Signo		
Dia	Hora	Dia	Signo	Hora
Janeiro de 2024				
2	20h37	2	Libra	21h48
5	8h42	5	Escorpião	9h41
7	17h23	7	Sagitário	18h10
9	15h26	9	Capricórnio	22h34
11	23h34	12	Aquário	0h02
13	7h00	14	Peixes	0h30
16	1h34	16	Áries	1h50
18	5h04	18	Touro	5h13
20	10h58	20	Gêmeos	10h59
22	17h41	22	Câncer	18h52
24	19h59	25	Leão	4h38
26	18h20	27	Virgem	16h12
29	20h21	30	Libra	5h05
Fevereiro de 2024				
1º	6h04	1º	Escorpião	17h38
4	0h25	4	Sagitário	3h29
6	2h07	6	Capricórnio	9h10
8	4h53	8	Aquário	11h01
9	20h00	10	Peixes	10h44
12	9h33	12	Áries	10h27
14	7h22	14	Touro	12h03
16	12h02	16	Gêmeos	16h41
19	0h22	19	Câncer	0h26
21	3h39	21	Leão	10h42
23	1h19	23	Virgem	22h39
26	4h36	26	Libra	11h31
27	15h23	29	Escorpião	0h10

Último Aspecto		Entrada da Lua num Novo Signo		
Dia	Hora	Dia	Signo	Hora
Março de 2024				
2	4h49	2	Sagitário	10h57
4	12h42	4	Capricórnio	18h16
6	16h36	6	Aquário	21h40
8	15h57	8	Peixes	22h05
10	16h47	10	Áries	21h20
12	8h09	12	Touro	21h29
14	19h30	15	Gêmeos	0h17
17	1h44	17	Câncer	6h42
19	15h53	19	Leão	16h34
22	3h35	22	Virgem	4h43
24	12h50	24	Libra	17h39
26	20h10	27	Escorpião	6h04
29	12h41	29	Sagitário	16h53

Abril de 2024				
31/03	21h17	1º	Capricórnio	1h06
3	2h42	3	Aquário	6h09
5	2h41	5	Peixes	8h14
7	5h28	7	Áries	8h26
8	23h40	9	Touro	8h24
11	7h05	11	Gêmeos	10h00
13	11h47	13	Câncer	14h46
15	20h23	15	Leão	23h25
18	9h03	18	Virgem	11h12
20	21h21	21	Libra	0h09
22	20h25	23	Escorpião	12h21
25	20h18	25	Sagitário	22h38
28	4h32	28	Capricórnio	6h39
30	12h20	30	Aquário	12h21

Último Aspecto		Entrada da Lua num Novo Signo		
Dia	Hora	Dia	Signo	Hora
Maio 2024				
2	6h30	2	Peixes	15h53
4	16h07	4	Áries	17h42
6	2h58	6	Touro	18h43
8	18h56	8	Gêmeos	20h22
10	22h50	11	Câncer	0h14
13	6h14	13	Leão	7h37
15	13h42	15	Virgem	18h34
18	6h10	18	Libra	7h24
19	12h49	20	Escorpião	19h35
23	4h29	23	Sagitário	5h25
25	11h48	25	Capricórnio	12h37
27	17h03	27	Aquário	17h46
29	11h21	29	Peixes	21h34

Junho 2024				
31/05	23h56	1º	Áries	0h29
2	19h05	3	Touro	2h56
5	5h10	5	Gêmeos	5h37
7	9h17	7	Câncer	9h42
9	16h07	9	Leão	16h30
11	16h18	12	Virgem	2h40
14	14h55	14	Libra	15h13
16	3h06	17	Escorpião	3h39
19	13h20	19	Sagitário	13h33
21	19h59	21	Capricórnio	20h10
24	0h07	24	Aquário	0h15
25	19h31	26	Peixes	3h09
28	5h46	28	Áries	5h53
30	1h58	30	Touro	9h01

Último Aspecto		Entrada da Lua num Novo Signo		
Dia	Hora	Dia	Signo	Hora
Julho 2024				
2	12h44	2	Gêmeos	12h51
4	17h45	4	Câncer	17h53
7	0h49	7	Leão	0h57
9	3h05	9	Virgem	10h49
11	22h56	11	Libra	23h08
13	19h50	14	Escorpião	11h54
16	22h12	16	Sagitário	22h26
19	4h59	19	Capricórnio	5h15
21	8h27	21	Aquário	8h44
23	6h59	23	Peixes	10h24
25	11h33	25	Áries	11h53
26	19h16	27	Touro	14h24
29	18h01	29	Gêmeos	18h29

Agosto 2024				
31/07	23h47	1º	Câncer	0h20
3	7h33	3	Leão	8h11
5	12h17	5	Virgem	18h18
8	5h41	8	Libra	6h33
9	18h46	10	Escorpião	19h35
13	6h02	13	Sagitário	7h02
15	13h53	15	Capricórnio	14h52
17	17h44	17	Aquário	18h46
19	15h27	19	Peixes	19h53
21	18h55	21	Áries	20h03
23	9h46	23	Touro	21h01
25	22h42	26	Gêmeos	0h05
28	4h15	28	Câncer	5h49
30	12h26	30	Leão	14h10

Último Aspecto		Entrada da Lua num Novo Signo		
Dia	Hora	Dia	Signo	Hora
Setembro 2024				
1º	21h26	2	Virgem	0h50
4	13h08	4	Libra	13h13
7	2h10	7	Escorpião	2h20
9	14h13	9	Sagitário	14h27
11	21h22	11	Capricórnio	23h39
14	4h36	14	Aquário	4h55
16	2h05	16	Peixes	6h40
18	6h04	18	Áries	6h25
20	5h40	20	Touro	6h04
22	7h15	22	Gêmeos	7h25
24	9h00	24	Câncer	11h51
26	19h13	26	Leão	19h48
29	0h37	29	Virgem	6h43

Último Aspecto		Entrada da Lua num Novo Signo		
Outubro 2024				
1º	18h40	1º	Libra	19h21
4	7h42	4	Escorpião	8h23
6	19h54	6	Sagitário	20h35
9	2h55	9	Capricórnio	6h39
11	12h54	11	Aquário	13h32
13	11h12	13	Peixes	16h56
15	17h01	15	Áries	17h35
17	16h28	17	Touro	17h01
19	16h35	19	Gêmeos	17h08
21	18h01	21	Câncer	19h51
24	1h49	24	Leão	2h25
26	5h05	26	Virgem	12h49
29	0h56	29	Libra	1h31
31	13h58	31	Escorpião	14h30

Último Aspecto		Entrada da Lua num Novo Signo		
Dia	Hora	Dia	Signo	Hora
Novembro 2024				
3	1h52	3	Sagitário	2h21
5	7h25	5	Capricórnio	12h18
7	19h39	7	Aquário	19h59
9	21h25	10	Peixes	1h01
12	3h14	12	Áries	3h27
14	3h51	14	Touro	4h00
16	4h04	16	Gêmeos	4h10
18	1h10	18	Câncer	5h51
20	8h21	20	Leão	10h52
22	10h16	22	Virgem	20h02
25	2h36	25	Libra	8h21
27	6h15	27	Escorpião	21h22
30	3h10	30	Sagitário	8h54

Dezembro 2024				
2	12h48	2	Capricórnio	18h10
4	20h35	5	Aquário	1h22
6	21h03	7	Peixes	6h50
9	5h46	9	Áries	10h39
10	19h15	11	Touro	12h56
13	9h40	13	Gêmeos	14h23
15	11h33	15	Câncer	16h22
17	15h35	17	Leão	20h40
20	2h21	20	Virgem	4h38
22	10h28	22	Libra	16h09
24	7h45	25	Escorpião	5h07
27	11h25	27	Sagitário	16h48
29	20h35	30	Capricórnio	1h38

Regências Planetárias

Aqui relacionamos os planetas, as áreas e assuntos regidos por cada um deles. Com esses dados em mãos, o leitor poderá escolher as melhores datas para praticar suas atividades do dia a dia, de acordo com as previsões do Guia Astral.

LUA: Rege as viagens; as mudanças temporárias; a água e os líquidos em geral, bem como seu respectivo comércio; o comércio varejista; os artigos de primeira necessidade; a pesca; os assuntos domésticos; a saúde; as comissões e o cotidiano.

MERCÚRIO: Influencia os contratos; os assuntos relacionados com cartas, papéis e escritos; a literatura; os transportes; o correio; o fax; viagens curtas e excursões; mudanças de residência; estudos e o raciocínio com relação a questões práticas.

VÊNUS: Rege as artes em geral, tais como a música, o teatro e o cinema, a moda. Influencia também os amores, as amizades, o casamento, as diversões, as plantações, os tratamentos de beleza, a decoração dos ambientes e os assuntos domésticos e sociais.

SOL: Favorece o trabalho profissional, a publicidade, as honrarias, os favores e as melhorias. Os seus bons aspectos são positivos quando se solicita emprego ou aumento de salário, bem como quando se trata com autoridades ou superiores em geral.

MARTE: Atua sobre operações cirúrgicas, consultas a médicos e dentistas, lutas, negócios arriscados, assuntos militares e tudo o que se refere ao ferro ou às armas, os esportes, a iniciativa em empreendimentos.

JÚPITER: Governa os assuntos financeiros, jurídicos, religiosos e filosóficos, o comércio, os empréstimos, a expansão, a vida cultural, o estrangeiro, as viagens longas, os estudos superiores.

SATURNO: Rege o trabalho em geral, os negócios relativos a terras, casas, minas e construções, a agricultura, os estudos e as coisas antigas. Também favorece os que tratam com pessoas famosas ou idosas.

URANO: Influencia mudanças repentinas, assuntos e negócios relativos à eletricidade e ao magnetismo, drogas medicinais, novos empreendimentos, alta tecnologia, novas ideias e astrologia.

NETUNO: Tem sob sua atuação questões psíquicas, tais como clarividência, clariaudiência, telepatia e intuição, o misticismo, as manifestações coletivas e os assuntos marítimos.

PLUTÃO: Atua sobre tudo aquilo que exige energia e entusiasmo, as ideias originais, o pioneirismo, os assuntos relacionados à energia nuclear e as transformações radicais.

Tábua Planetária 2024

Segue abaixo a posição dos planetas em cada signo do zodíaco à zero hora de Greenwich do dia 1º de cada mês. A posição está indicada por graus (°) e minutos ('), bem como qualquer mudança que houver para outro signo no decorrer do mês. Note ainda que estão indicados também o início do movimento retrógrado, assinalado pela letra (R), ou a retomada do movimento direto, indicada pela letra (D).

Janeiro

- **Mercúrio**: 22°16' de Sagitário (D); no dia 15, a 0°58' de Capricórnio
- **Vênus**: 2°36' de Sagitário (D), no dia 24, a 0°46' de Capricórnio
- **Marte**: 27°18' de Sagitário (D); no dia 5, a 0°16' de Capricórnio
- **Júpiter**: 5°34' de Peixes (D)
- **Saturno**: 3°14' de Peixes (D)
- **Urano**: 19°23' de Touro (R); no dia 27, a 19°5' de Touro (D)
- **Netuno**: 25°4' de Peixes
- **Plutão**: 29°21' de Capricórnio; no dia 22, a 0°1' de Aquário

Fevereiro

- **Mercúrio**: 23°38' de Capricórnio; no dia 6, a 1°12' de Aquário; no dia 24 a 1°14' de Peixes
- **Vênus**: 10°38' de Capricórnio; no dia 17, a 0°24' de Aquário
- **Marte**: 20°37' de Capricórnio; no dia 14, a 0°34' de Aquário
- **Júpiter**: 7°16' de Touro
- **Saturno**: 6°26' de Peixes
- **Urano**: 19°5' de Touro
- **Netuno**: 25°46' de Peixes
- **Plutão**: 0°21' de Aquário

Março

Mercúrio: 12°19' de Peixes; no dia 11, a 1°35 de Áries
Vênus: 16°29' de Aquário; no dia 12, a 0°6' de Peixes
Marte: 12°55' de Aquário; no dia 23, a 0°0' de Peixes
Júpiter: 11°18' de Touro
Saturno: 9°54' de Peixes
Urano: 19°34' de Touro
Netuno: 26°44' de Peixes
Plutão: 1°13' de Aquário

Abril

Mercúrio: 27°10' de Áries; no dia 2, a 27°13' de Áries (R); no dia 25, a 15°59' de Áries (D)
Vênus: 24°50' de Peixes; no dia 6, a 1°1' de Áries; no dia 30, a 0°38' de Touro
Marte: 7°0' de Peixes
Júpiter: 17°21' de Touro
Saturno: 13°35' de Peixes
Urano: 20°47' de Touro
Netuno: 27°54' de Peixes
Plutão: 1°52' de Aquário

Maio

Mercúrio: 17°10' de Áries; no dia 16, a 0°21' de Touro
Vênus: 1°52' de Touro; no dia 24, a 0°10' de Gêmeos
Marte: 0°16' de Áries
Júpiter: 24°7' de Touro; no dia 26, a 0°0' de Gêmeos
Saturno: 16°38' de Peixes
Urano: 22°23' de Touro
Netuno: 28°55' de Peixes
Plutão: 2°06' de Aquário; no dia 2, a 2°6' de Aquário (R)

Junho

Mercúrio:	25°32' de Touro; no dia 4, a 1°21' de Gêmeos; no dia 18, a 1°20' de Câncer
Vênus:	10°0' de Gêmeos; no dia 18, a 0°54' de Câncer
Marte:	23°52' de Áries; no dia 10, a 0°36' de Touro
Júpiter:	1°24' de Gêmeos
Saturno:	18°44' de Peixes; no dia 29, a 19°25' de Peixes (R)
Urano:	24°10' de Touro
Netuno:	29°40' de Peixes
Plutão:	1°54' de Aquário (R)

Julho

Mercúrio:	27°18' de Câncer; no dia 3, a 0°48' de Leão; no dia 26, a 0°2' de Virgem
Vênus:	16°52' de Câncer; no dia 12, a 0°23' de Leão
Marte:	15°57' de Touro; no dia 21, a 0°5' de Gêmeos
Júpiter:	8°13' de Gêmeos
Saturno:	19°25 de Peixes (R)
Urano:	25°43' de Touro
Netuno:	29°55' de Peixes (R)
Plutão:	1°22' de Aquário (R)

Agosto

Mercúrio:	3°21' de Virgem; no dia 5, a 4°6' de Virgem (R); no dia 16, a 29°12' de Leão; no dia 28, a 21°27' de Leão (D)
Vênus:	24°57' de Leão; no dia 6, a 1°6' de Virgem; no dia 30, a 0°32' de Libra
Marte:	7°37' de Gêmeos
Júpiter:	14°24' de Gêmeos
Saturno:	18°35' de Peixes (R)
Urano:	26°50' de Touro
Netuno:	29°42' de Peixes (R)
Plutão:	0°39' de Aquário (R)

Setembro

- **Mercúrio**: 22°4' de Leão; no dia 10, a 1°1' de Virgem; no dia 27, a 1°12' de Libra
- **Vênus:** 2°59' de Libra; no dia 24, a 1°5' de Escorpião
- **Marte:** 27°40' de Gêmeos; no dia 5, a 0°6' de Câncer
- **Júpiter:** 19°1' de Gêmeos
- **Saturno:** 16°34' de Peixes (R)
- **Urano**: 27°15' de Touro (R)
- **Netuno:** 29°3' de Peixes (R)
- **Plutão:** 0°1' de Aquário (R)

Outubro

- **Mercúrio**: 8°24' de Libra; no dia 14, a 0°18' de Escorpião
- **Vênus:** 9°36' de Escorpião; no dia 18, a 0°13' de Sagitário
- **Marte:** 14°51' de Câncer
- **Júpiter:** 21°13' de Gêmeos; no dia 9, a 21°20' de Gêmeos (R)
- **Saturno:** 14°21' de Peixes (R)
- **Urano**: 26°54' de Touro (R)
- **Netuno:** 28°14' de Peixes (R)
- **Plutão:** 29°40' de Capricórnio (R); no dia 11, a 29°38' de Capricórnio (D)

Novembro

Mercúrio:	27°28' de Escorpião; no dia 3, a 0°16' de Sagitário; no dia 26, a 22°40' de Sagitário (R)
Vênus:	17°6' de Sagitário; no dia 12, a 0°16' de Capricórnio
Marte:	28°52' de Câncer; no dia 5, a 0°16' de Leão
Júpiter:	20°29' de Gêmeos (R)
Saturno:	12°52' de Peixes (R); no dia 15, a 12°41 de Peixes (D)
Urano:	25°54' de Touro (R)
Netuno:	27°30' de Peixes (R)
Plutão:	29°44' de Capricórnio; no dia 20, a 0°0' de Aquário

Dezembro

Mercúrio:	20°34' de Sagitário (R); no dia 15, a 6°27' de Sagitário (D)
Vênus:	22°43' de Capricórnio; no dia 8, a 0°51' de Aquário
Marte:	5°56' de Leão; no dia 6, a 6°9' de Leão (R)
Júpiter:	17°11' de Gêmeos (R)
Saturno:	12°54' de Peixes
Urano:	24°40' de Touro (R)
Netuno:	27°8' de Peixes (R); no dia 7, a 27°7' de Peixes (D)
Plutão:	0°13' de Aquário

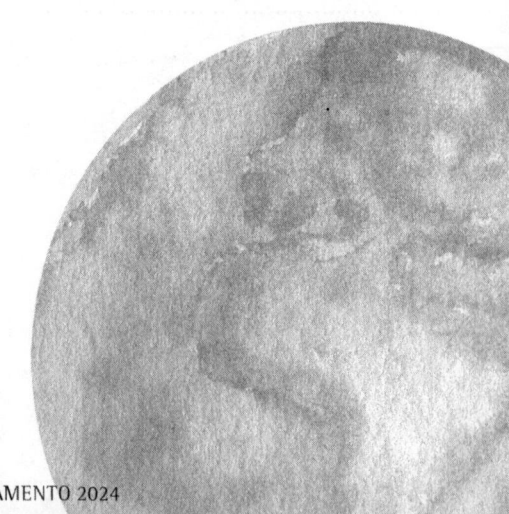

Horário da Semana
de acordo com a Regência Planetária

Convém lembrar que a hora astrológica de alguns planetas coincide: os assuntos regidos por Urano devem ser tratados na hora de Mercúrio, e o mesmo acontece com Netuno e Plutão, cujos assuntos devem ser tratados nas horas de Vênus e Marte, respectivamente.

Use esta tabela para concluir o cálculo das Horas Planetárias e saber quais são as horas mais propícias para tratar dos seus empreendimentos.

Horas	Domingo	Segunda	Terça	Quarta	Quinta	Sexta	Sábado
1ª do dia	Sol	Lua	Marte	Mercúrio	Júpiter	Vênus	Saturno
2ª do dia	Vênus	Saturno	Sol	Lua	Marte	Mercúrio	Júpiter
3ª do dia	Mercúrio	Júpiter	Vênus	Saturno	Sol	Lua	Marte
4ª do dia	Lua	Marte	Mercúrio	Júpiter	Vênus	Saturno	Sol
5ª do dia	Saturno	Sol	Lua	Marte	Mercúrio	Júpiter	Vênus
6ª do dia	Júpiter	Vênus	Saturno	Sol	Lua	Marte	Mercúrio
7ª do dia	Marte	Mercúrio	Júpiter	Vênus	Saturno	Sol	Lua
8ª do dia	Sol	Lua	Marte	Mercúrio	Júpiter	Vênus	Saturno
9ª do dia	Vênus	Saturno	Sol	Lua	Marte	Mercúrio	Júpiter
10ª do dia	Mercúrio	Júpiter	Vênus	Saturno	Sol	Lua	Marte
11ª do dia	Lua	Marte	Mercúrio	Júpiter	Vênus	Saturno	Sol
12ª do dia	Saturno	Sol	Lua	Marte	Mercúrio	Júpiter	Vênus
1ª da noite	Júpiter	Vênus	Saturno	Sol	Lua	Marte	Mercúrio
2ª da noite	Marte	Mercúrio	Júpiter	Vênus	Saturno	Sol	Lua
3ª da noite	Sol	Lua	Marte	Mercúrio	Júpiter	Vênus	Saturno
4ª da noite	Vênus	Saturno	Sol	Lua	Marte	Mercúrio	Júpiter
5ª da noite	Mercúrio	Júpiter	Vênus	Saturno	Sol	Lua	Marte
6ª da noite	Lua	Marte	Mercúrio	Júpiter	Vênus	Saturno	Sol
7ª da noite	Saturno	Sol	Lua	Marte	Mercúrio	Júpiter	Vênus
8ª da noite	Júpiter	Vênus	Saturno	Sol	Lua	Marte	Mercúrio
9ª da noite	Marte	Mercúrio	Júpiter	Vênus	Saturno	Sol	Lua
10ª da noite	Sol	Lua	Marte	Mercúrio	Júpiter	Vênus	Saturno
11ª da noite	Vênus	Saturno	Sol	Lua	Marte	Mercúrio	Júpiter
12ª da noite	Mercúrio	Júpiter	Vênus	Saturno	Sol	Lua	Marte

Horas Planetárias

O método mais prático para você aproveitar a influência das horas planetárias na sua vida diária é sincronizar as suas atividades mais importantes com os dias e horas mais favoráveis. Você obterá a informação quanto aos dias mais e menos propícios ao início dos seus empreendimentos no *Guia Astral*. E as influências e as características da hora associada a cada planeta são dadas a seguir, a fim de que você possa usá-las em combinação com o dia mais favorável, de modo a conseguir um grande sucesso. Consulte também a seção "Cálculo das Horas Planetárias", p. 166.

LUA

Influência mais acentuada à noite. Sua hora é boa para fazer viagens e mudanças não definitivas, e para estipular comissões e todas as coisas de natureza provisória ou variável. É também uma boa hora para fazer as pessoas mudarem de opinião ou alterarem seus planos. Facilita negociações rápidas e o comércio varejista.

Os negócios tratados nessa hora precisam ser concluídos logo; caso contrário, correm o risco de sofrer mudanças ou ser cancelados.

Devemos ter cautela com os arranjos feitos nessa hora porque todas as coisas correm o risco de ficar incertas e serão passageiras.

MERCÚRIO

A influência de sua hora é sempre duvidosa e variável, pois gera oscilações e tem um caráter secundário.

É uma hora favorável para a redação de cartas, estudos de toda natureza, teorias, escrituras, documentos e textos literários. Boa para a troca de correspondência, compra de livros e trabalho com impressoras.

A compreensão e a percepção são rápidas devido à fertilidade de ideias. Favorece os profissionais de vendas, os professores e todos os que se ocupam de atividades intelectuais. Também favorece os joalheiros que fabricam objetos de precisão.

Na hora de Mercúrio, geralmente encontramos pessoas volúveis e inconstantes, que dificilmente sustentam a palavra dada ou levam adiante seus projetos.

A hora de Mercúrio é sempre seguida pela da Lua e pela de Saturno, de modo que é melhor chegar logo a uma conclusão ou adiar os negócios para uma ocasião mais propícia.

VÊNUS

A hora de Vênus é favorável à recreação, à diversão, ao canto, à música, à dança e a todas as áreas relativas ao vestuário, ornamentos e luxo.

É boa para a compra de objetos artísticos, de roupas, de perfumes e de outros itens do gênero. Favorece o amor e a galanteria, bem como o estudo das belas-artes. Favorece a restauração de objetos artísticos.

Essa hora governa o lado doméstico e feminino da vida e tudo o que é relativo aos sentimentos; facilita a dissolução do ódio e dos rancores; amplia os assuntos ligados à construção de formas (arquitetura, manipulação de projetos).

É a hora em que existe o perigo do excesso e da extravagância.

Favorece a maledicência de que são alvo aqueles que só vivem para o presente.

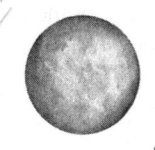

SOL

A hora do Sol favorece as relações com pessoas que ocupam posição de destaque – autoridades, juízes, altos funcionários do governo, homens de Estado.

Esta hora é própria para solicitar favores e proteção dos maiorais; favorável a projetos que ativam a consciência das atividades no planeta Terra.

As melhores horas solares são as que vêm antes do meio-dia. Elas reeducam ou retiram o sentimento de usura, de avareza e usurpação.

MARTE

A hora de Marte é propícia a todos os empreendimentos ousados. Há forças suplementares nas situações difíceis e tensas. É geralmente nessa hora que aumenta a incidência de acidentes, disputas e desentendimentos.

Ela favorece os impulsos, o domínio da força e tende a produzir contestações e argumentações, enfrentando-se concorrentes profissionais sem agressões, além de fazer aflorar a decisão firme com bases sólidas.

Nesta hora é preciso fazer tudo para não provocar a cólera alheia. Não se deve começar novas amizades durante esta hora, nem transitar por lugares reconhecidamente perigosos. É boa hora para nos ocuparmos de coisas práticas, referentes à mecânica, às minas, aos metais e aos materiais de natureza explosiva e inflamável, como o carvão, o petróleo etc. É prudente não assumir compromissos nesta hora, nem tomar atitudes com respeito a situações sérias e graves. É a hora em que convém nos precavermos contra roubos e assaltos, pois é considerada uma das mais perigosas do dia.

JÚPITER

De todas as horas planetárias, a mais favorável é a de Júpiter, durante a qual pode se iniciar novos empreendimentos de qualquer tipo.

Favorece toda espécie de assuntos financeiros e é boa para as questões legais e religiosas.

É a hora mais fecunda de todas; as coisas que forem executadas pela "primeira vez" nesta hora devem ser repetidas até que o sucesso recompense a iniciativa.

Todas as coisas de valor, seja de caráter objetivo ou subjetivo, podem ser tratadas na hora de Júpiter. Ela faz aflorar a sabedoria, proporcionando confiança sem fanatismo.

SATURNO

A influência deste planeta é lenta e pesada. As coisas começadas nesta hora caminham devagar, porém a passos firmes.

Saturno confere determinação, simplicidade, prudência e maturidade. Governa a terra de onde o homem tira seu sustento e a casa que lhe serve de abrigo; por isso Saturno rege os negócios imobiliários e a agricultura. Influencia os estudos avançados e de compreensão lenta. Tendência a ponderar como sair da vida diária criando, modelando, construindo novas vivências. Trata-se da experiência sábia dos idosos. É o planeta da destruição e da reconstrução.

URANO

Este planeta governa todas as atividades do mundo moderno e a tecnologia avançada; a eletricidade, a eletrônica, a aeronáutica, a indústria automobilística etc. Sua influência é imprevisível, e os negócios iniciados em sua hora podem ter os mesmos resultados duvidosos ou variáveis induzidos por Mercúrio, pois a hora de Urano é a mesma de Mercúrio. Tendência à renovação e à originalidade.

NETUNO

Este planeta governa a inspiração artística e todas as faculdades extrassensoriais: intuição, clarividência etc. Sua hora favorece os assuntos artísticos, o amor desinteressado e os atos de benevolência. A hora de Netuno é a mesma de Vênus. É a inspiração da vida, que modifica o modo de agir e de pensar em todas as atividades do cotidiano.

PLUTÃO

Plutão ainda é um enigma para a maioria dos astrólogos. Ele representa uma força estranha, um tanto destrutiva e em parte desconhecida. Está relacionado com o poder atômico, favorecendo mudanças drásticas, descobertas de cunho técnico e exigindo que se saiba lidar com essa energia planetária para que não cause danos. Plutão atua destruindo para que se possa reconstruir. Favorece as ações que requerem entusiasmo e uma nova visão dos fatos. A hora de Plutão é a mesma de Marte. Plutão nos impulsiona a transformações profundas.

Cálculo das Horas Planetárias

Depois de conhecer as características da hora de cada planeta, na seção "Horas Planetárias", aprenda a calcular essa hora, para poder usar essas características de forma benéfica e proveitosa.

As 12 horas planetárias diurnas e as 12 noturnas às vezes têm mais de 60 minutos, às vezes têm menos, dependendo do horário do nascimento ou do ocaso do Sol. Por isso, é preciso calcular em primeiro lugar o momento exato em que começa e termina a primeira hora do dia que lhe interessa. Para tanto, use a "Tábua do Nascimento e Ocaso do Sol" e verifique o horário em que esse astro nasce e se põe. Por exemplo, consultando essa tabela, você saberá que em Brasília, no dia 1º de janeiro, o Sol nasceu às 5h44min e se pôs às 18h47min. Se subtrairmos 5h44min de 18h47min, saberemos que o dia durou 13 horas e 3 minutos. Transforme as 13 horas em minutos (780 min), acrescente os 3 minutos restantes (783 min) e divida o resultado por 12. Você saberá, então, que cada hora desse dia terá 65 minutos e 3 segundos, ou 1 hora e 3 minutos – podendo-se deixar de lado os segundos.

Portanto, a primeira hora do dia 1º de janeiro de 2024 começará, em Brasília, às 5h44min e terminará às 6h47min; a segunda hora começará às 6h48min e assim por diante. (O período noturno deve ser calculado da mesma forma.)

Consulte, a seguir, a tabela "Horário da Semana de acordo com a Regência Planetária". Com ela você saberá que, em 1º de janeiro de 2024, uma segunda-feira, a Lua rege a 1ª hora diurna, Saturno rege a 2ª hora etc. Portanto, o melhor momento do dia para tratar dos assuntos regidos pela Lua, será ao longo da 1ª hora, que vai das 5h44min às 6h47min. Quanto aos assuntos relacionados com Saturno, o melhor é esperar até a 2ª hora do dia.

Com base nessas informações, você poderá organizar as atividades desse dia, levando em conta o horário em que elas serão mais favorecidas!

Previsões sobre Amor, Dinheiro e Saúde para os Signos em 2024

Por André Mantovanni

ÁRIES

O ano de 2024 promete ser benéfico para os arianos. De maneira geral, os nativos do primeiro signo do Zodíaco gozarão de boa sorte e passarão pelo ano sem grandes contratempos. Os desafios que surgirem virão para trazer crescimento e expansão.

AMOR – AMAR A SI MESMO COMO AMA O PRÓXIMO
Durante o ano de 2024, o ariano tende a voltar-se mais para si nos relacionamentos amorosos. Suas vontades, seus planos e seu prazer serão colocados em primeiro lugar. O ariano reconhecerá o próprio valor e aprenderá a cobrar por ele. A necessidade de se autoafirmar pode torná-lo egoísta e excessivamente racional, mas será um período importante para trazer amadurecimento às suas relações. Os nativos de Áries precisarão ser responsáveis e persistentes se quiserem construir algo sólido para o futuro.

DINHEIRO – CRIATIVIDADE E CONFIANÇA ABRINDO PORTAS
Financeiramente, 2024 será muito benéfico para os arianos. A energia empreendedora dos nativos desse signo estará voltada à ação em prol de um propósito. As atenções convergirão para eles, e devem surgir oportunidades por meio de contatos e trocas com pessoas de várias esferas de sua vida. O ariano estará confiante, criativo e será capaz de expandir suas

chances de crescimento. Será preciso tomar cuidado com falsas promessas e ilusões, mantendo-se atento para evitar golpes e armadilhas financeiras.

SAÚDE – NÃO CONFIE DEMAIS EM SUAS ASAS

Na saúde, o ariano poderá contar com disposição, energia positiva e otimismo ao longo de 2024. Será necessário, contudo, ter atenção com excessos no trabalho, na alimentação e na diversão, para que não resultem em problemas físicos. A confiança exagerada também pode fazer os nativos de Áries se aventurarem demais, sem avaliar os riscos com sabedoria, colocando-se em situações perigosas. É preciso buscar o equilíbrio.

TOURO

O ano de 2024 será de transformação para o taurino. Será preciso abandonar velhas verdades e se atualizar. O ano trará cura emocional e o livramento de culpas do passado. O taurino deve ressignificar limitações que lhe foram impostas a fim de buscar o amadurecimento. Ele estará aberto a trocas, novos aprendizados, cursos e viagens.

AMOR – DÊ UMA CHANCE PARA OS *MATCHES*

No amor, os nativos de Touro tendem a buscar a estabilidade, estando propensos, portanto, à necessidade de encontrar alguém para firmar um compromisso. Este promete ser um ano de muitos encontros, e o taurino estará ativo e receptivo para conhecer pessoas. Por outro lado, será necessário quebrar barreiras e superar traumas se quiser construir algo mais sólido. O excesso de exigência e críticas pode dificultar um pouco esse processo, pois os nativos desse signo podem querer trocar de pretendente a cada dificuldade encontrada no caminho.

DINHEIRO – NÃO DEIXE AS IDEIAS NA GAVETA

O ano trará muita energia para os taurinos conquistarem o que desejam. Para aproveitar ao máximo as oportunidades que 2024 trouxer, eles devem apostar na criatividade e usá-la a seu favor, colocando as ideias em prática. Também devem estar abertos a novos contatos e parcerias, valendo-se de sua personalidade e carisma. Ao mesmo tempo, é crucial ter cuidado com gastos excessivos e manter o controle sobre as finanças, para garantir a estabilidade financeira.

SAÚDE – FIRME E FORTE COMO UM TOURO

O ano de 2024 promete abundância de vitalidade, energia e disposição para o taurino enfrentar o dia a dia. Incluir atividades físicas e cuidados com o bem-estar emocional será muito benéfico para manter o vigor durante todo o ano. No entanto, será importante lembrar que cuidar da saúde é uma tarefa constante e não deve ser negligenciada. É preciso ficar atento para que o excesso de confiança não leve o nativo desse signo a comportamentos imprudentes, como abandonar tratamentos e acompanhamento médico, mesmo que a saúde esteja boa.

GÊMEOS

O ano de 2024 será de destaque para os geminianos, principalmente no campo profissional. Os nativos desse signo estarão carregados de energia e confiança para realizar o que desejam e se sobressair. O foco será no desenvolvimento da carreira.

AMOR – INVISTA EM UM SÓ CONTATINHO

No amor, os nativos de Gêmeos estarão em busca de criar conexões profundas com outras pessoas, deixando de lado as trocas superficiais. Esse é um período em que o compromisso será valorizado, mas o geminiano pode encontrar desafios ao procurar relacionamentos duradouros; para estabelecer essas conexões profundas, o diálogo franco será essencial. O geminiano precisará também se abrir para compartilhar seus pensamentos e sentimentos, estabelecendo assim uma base sólida para os relacionamentos.

DINHEIRO – HORA DE ENGORDAR O PORQUINHO

O geminiano contará com uma forte energia para se organizar financeiramente, estabelecer metas e seguir um plano de crescimento de forma disciplinada. Este será um excelente período para eliminar dívidas e juntar dinheiro, o que ajudará a estabilizar as finanças e construir uma base sólida para o futuro. Além disso, há a possibilidade de que o nativo de Gêmeos receba ganhos extras ou até mesmo uma herança, o que será de grande ajuda para seus planos financeiros. A capacidade do geminiano de materializar ideias estará aguçada em 2024 – algo bastante útil no campo profissional.

SAÚDE – DORMIR, COMER E AMAR

Em 2024, será importante que o geminiano busque uma rotina estruturada, especialmente em relação à alimentação e ao sono. A qualidade desses aspectos será essencial para manter a boa saúde física e mental ao longo do ano. Os nativos do signo poderão desfrutar de uma boa vitalidade física e forte conexão com o inconsciente. No entanto, devem estar atentos à saúde emocional, não deixando que a ansiedade os domine. Este ano pode trazer transformações significativas por intermédio de relações interpessoais e emoções. O geminiano terá a oportunidade de aprimorar sua inteligência emocional, aprendendo a lidar com seus sentimentos e emoções de forma mais equilibrada e saudável.

CÂNCER

O ano de 2024 pede uma pausa para os cancerianos avaliarem e refletirem sobre a vida e suas prioridades. Os nativos desse signo estarão em busca de uma conexão mais profunda com seu eu interior, tendendo a usar a espiritualidade como forma de lidar com os desafios e as incertezas que a vida pode trazer.

AMOR – DEIXE-O RENASCER

Os nativos do signo de Câncer serão mais notados em grupos ao longo de 2024, o que poderá lhes trazer oportunidades no amor. Novas conexões e relacionamentos podem surgir das trocas entre amigos, mas também gerar um conflito interno entre entrega emocional e racionalidade. Os cancerianos tendem a ser mais céticos em relação a novos encontros, evitando se deixar levar pelos sentimentos. É possível que relacionamentos antigos tenham um fim ou se transformem, permitindo que os cancerianos renasçam no amor e encontrem novas oportunidades para crescer e evoluir emocionalmente.

DINHEIRO – NOVOS VENTOS TRAZEM BOAS MUDANÇAS

O ano de 2024 promete mudanças significativas na carreira dos nativos de Câncer, trazendo estabilidade e segurança para sua vida profissional. A fim de aproveitar ao máximo essas mudanças, é importante não temer ou resistir a elas, ficando aberto a novas oportunidades e desafios. As mudanças vão alavancar a carreira dos cancerianos, resultando em evolução profissional. Durante este período, os nativos desse signo terão a energia necessária para sustentar as novidades e lutar por seu crescimento profissional.

SAÚDE – NÃO PERCA O EQUILÍBRIO

A saúde dos nativos de Câncer tende a ser boa durante o ano de 2024, com aumento de vitalidade e resistência. Será necessário ter cuidado com excessos em relação à alimentação e a bebidas alcoólicas, pois o descontrole poderá afetar negativamente a saúde física e emocional. É um ano para dedicar tempo e atenção ao cuidado de si mesmo, por dentro e por fora, com o objetivo de melhorar a autoestima e a confiança pessoal. Os acontecimentos deste ano podem trazer certa ansiedade aos cancerianos e será importante estar atento a sinais de estresse para buscar ajuda profissional quando necessário.

LEÃO

O ano de 2024 promete muita atividade e movimento para os nativos de Leão. A comunicação será uma forte aliada, permitindo-lhes ampliar sua rede de contatos e influência. É um período de aprendizado e crescimento pessoal, com muitas oportunidades para desenvolver habilidades e conhecer novas pessoas. A monotonia passará longe, pois os leoninos estarão sempre em busca de novidades e desafios.

AMOR – ENCHENDO A AGENDA DE CONTATINHOS

Este ano pode ser um período de muitas oportunidades para os nativos de Leão na área do amor e dos relacionamentos. O flerte e a paquera devem impulsionar a vida amorosa dos leoninos, permitindo que conheçam várias pessoas e experimentem novas formas de relacionamento. Os nativos desse signo estarão abertos a explorar as possibilidades e vivenciar relacionamentos emocionantes e intensos. É um ano para se divertir e aproveitar a vida amorosa ao máximo.

DINHEIRO – VOCÊ SE ORGULHA DO QUE FAZ?
A necessidade de se conectar emocionalmente com o trabalho pode tocar o leonino em 2024. A tendência é que ele busque propósito e identificação pessoal naquilo que faz, e que procure fontes de renda que lhe tragam orgulho e satisfação. Esse desejo de conexão emocional com o trabalho pode levar os leoninos a irem atrás de oportunidades profissionais que estejam mais alinhadas com seus valores e interesses pessoais. A busca por um propósito pode ser um processo longo e desafiador, mas é fundamental para garantir a felicidade e o sucesso no longo prazo.

SAÚDE – ESTEJA ATENTO ÀS NECESSIDADES DO SEU CORPO
O ano de 2024 tende a ser um período de muita energia e força física para os nativos de Leão, mas será importante estar atento à rotina e fazer ajustes, se necessário. Pode ser um bom momento para iniciar um novo hábito, como acordar mais cedo, meditar, mudar a alimentação, fazer exercícios físicos ou largar um vício rotineiro. É essencial que os leoninos escutem seu corpo e as necessidades dele, evitando sobrecarregar-se ou colocar-se em situações desnecessárias de estresse.

VIRGEM

Criatividade, transformações e relacionamentos serão os temas do ano para os virginianos. Os nativos desse signo estarão mais abertos às novidades e confiantes para buscar aquilo que desejam.

AMOR – CRIANDO RAÍZES
O amor poderá ser um tema muito relevante para os virginianos em 2024. Eles estarão mais voltados à construção de uma família e à busca por relacionamentos significativos e duradouros. A fertilidade estará em alta, e a possibilidade de que os relacionamentos frutifiquem e se transformem em algo mais sério é grande. No entanto, para que esses relacionamentos sejam bem-sucedidos, é fundamental que os virginianos saibam dialogar e ouvir o outro. A comunicação clara e assertiva será essencial para estabelecer um entendimento mútuo e construir uma base sólida para o relacionamento.

DINHEIRO – OUSADIA E CRIATIVIDADE

Os nativos de Virgem estarão com a mente fervilhando de ideias em 2024. Podem sentir uma vontade maior de expandir suas fontes de renda ou investir em um negócio próprio. Nesse sentido, a criatividade será uma aliada, permitindo-lhes encontrar soluções inovadoras para os desafios que possam surgir ao longo do caminho. É importante lembrar que a impulsividade pode vir a falar mais alto; nesse caso, será fundamental manter os pés no chão e seguir o que foi planejado cuidadosamente.

SAÚDE – DOME OS MONSTROS INTERNOS

A saúde dos virginianos tende a ser estável durante 2024. No entanto, é importante que adotem uma rotina mais caseira, e cuidem da alimentação e da saúde emocional para manter as energias em equilíbrio. O autocuidado é fundamental para preservar o bem-estar físico e mental, permitindo que os nativos desse signo se sintam mais conectados consigo mesmos. Uma vida em um ritmo mais cauteloso pode ajudá-los a dominar a ansiedade e o estresse, possibilitando assim que lidem melhor com os desafios do dia a dia.

LIBRA

O ano de 2024 será excelente para os nativos de Libra expandirem seus conhecimentos e iniciarem novos estudos. A busca por aperfeiçoamento pessoal e profissional trará aos librianos novas experiências e a conexão com outras culturas e formas de pensar. Será um ano de aprendizado e crescimento, com muitas oportunidades para desenvolver habilidades e adquirir novos conhecimentos.

AMOR – SEJA A TAMPA DA PANELA DE ALGUÉM

O ano de 2024 pode ser um período favorável para os nativos desse signo que estiverem em busca de relacionamentos sérios e românticos. Eles estarão mais receptivos e dispostos a investir em um amor duradouro que lhes traga segurança emocional e conforto. As possibilidades são muitas; o importante, contudo, é que o libriano saiba escolher onde apostar suas fichas, sendo cuidadoso com os sentimentos alheios e assumindo responsabilidade por aquilo a que se propuser.

DINHEIRO – DE OLHO NO FUTURO
Este ano tende a ser um período relativamente estável e equilibrado para a vida financeira dos librianos. Não são esperadas grandes surpresas ou mudanças significativas, sugerindo uma boa oportunidade para o planejamento de longo prazo. No decorrer de 2024, os nativos desse signo tenderão a focar mais no desenvolvimento de habilidades profissionais e na busca por oportunidades de crescimento e expansão na carreira. Ano bom para investir em si mesmo e nos próprios talentos, preparando-se para o futuro.

SAÚDE – VÍCIO EM TRABALHO ESTÁ FORA DE MODA
O ano de 2024 pode ser um período agitado para os librianos, com tendência ao excesso de trabalho e uma rotina mais intensa. Será importante encontrar um equilíbrio saudável entre a vida profissional e a vida pessoal, ouvindo as necessidades do corpo e descansando a fim de evitar que o estresse desencadeie problemas físicos. Trata-se de um ano para ser produtivo e focado, mas também para cuidar da saúde física e mental.

ESCORPIÃO

Durante o ano de 2024, os nativos de Escorpião estarão mais voltados para a família. Por meio do diálogo e da compreensão mútua, os escorpianos conseguirão superar traumas e ressentimentos antigos, encontrando paz e serenidade no coração. Ano proveitoso para se conectar com aqueles que são importantes, cultivando relacionamentos saudáveis e fortalecendo laços familiares.

AMOR – É HORA DE BRILHAR NA PISTA
Este ano pode ser agitado para a vida amorosa dos nativos de Escorpião. Não faltará disposição para sair, flertar e conhecer novas pessoas. No entanto, será necessário cuidado para não fantasiar relacionamentos ou colocar expectativas demais nos parceiros. Período bom para se divertir e experimentar novas possibilidades, mas mantendo sempre um senso de equilíbrio e realismo no tocante às relações.

DINHEIRO – INVISTA EM SI MESMO
Os escorpianos contarão com grande energia para crescer financeiramente em 2024. Familiares e amigos próximos podem ajudar nessa jornada, oferecendo apoio, conselhos e oportunidades de

negócios. Trata-se de um período para estar receptivo a novas possibilidades e ser ousado em relação aos objetivos financeiros. Haverá mais disposição para investir em si mesmo, nas próprias habilidades e empreendimentos, e menos propensão a gastos excessivos ou ao acúmulo de bens materiais.

SAÚDE – NÃO TENTE TESTAR SEUS LIMITES

Em 2024, os escorpianos terão muita vitalidade física. Será importante, contudo, ficar atento aos limites do corpo e ao excesso de confiança, evitando sobrecarregar-se ou colocar-se em situações desnecessárias de estresse. Embora a rotina possa parecer monótona em alguns momentos, é fundamental manter os cuidados com a alimentação e períodos de descanso, para garantir uma saúde física e mental equilibrada. Os nativos desse signo podem ainda considerar a prática de atividades físicas como forma de canalizar a energia e se manter saudáveis.

SAGITÁRIO

Em 2024, a vida doméstica e os relacionamentos estarão em evidência para os nativos de Sagitário, com mais foco na busca por estabilidade e conexões profundas nas relações familiares e amorosas. Ótimo momento para fazer as mudanças desejadas na vida, com confiança e assertividade.

AMOR – PARCERIA E COMPROMISSO

Em 2024, os sagitarianos podem sentir necessidade de mudar a forma como se relacionam, buscando um amor estável e confiável. Eles estarão à procura de alguém que os admire e os ajude a crescer emocionalmente, proporcionando-lhes segurança.

DINHEIRO – TRABALHANDO COM PROPÓSITO

Os nativos desse signo buscarão maior conexão com o trabalho e com seu propósito de vida em 2024, sentindo a necessidade de se envolverem em atividades que lhes permitam expressar a criatividade e a paixão pelo que fazem. A comunicação clara e eficaz será uma ferramenta poderosa para ajudá-los a explorar as possibilidades e fazer contatos que possam abrir portas de mudança e crescimento. Momento ideal para a expansão da consciência e a busca por realização pessoal e profissional.

SAÚDE – MAUS HÁBITOS ESTÃO LONGE DE SER INOFENSIVOS

O ano de 2024 pode trazer aos sagitarianos a necessidade de fazer mudanças consistentes em seus hábitos a fim de lidar com o ritmo intenso do dia a dia. É importante que dediquem um tempo para olhar para seu interior, refletindo sobre suas escolhas e eliminando tudo aquilo que for prejudicial à mente e ao corpo. Essa reflexão pode abranger hábitos alimentares, rotinas de sono, práticas de exercícios físicos e mentais, entre outros aspectos que afetam a qualidade de vida.

CAPRICÓRNIO

O ano de 2024 pode trazer mudanças significativas para a vida dos nativos de Capricórnio. Eles podem atravessar uma fase de expansão de consciência, buscando uma nova perspectiva em sua jornada pessoal. Esse processo inclui a libertação de velhos padrões e amarras que os prendiam ao passado, permitindo a abertura a diferentes oportunidades e experiências. É um momento de crescimento pessoal e de busca por uma vida mais autêntica e plena.

AMOR – NÃO ELEVE TANTO A RÉGUA AMOROSA

Em 2024, os capricornianos apresentarão uma postura mais confiante e independente em relação ao amor. A exigência elevada nos relacionamentos tornará difícil encontrar alguém que supere as expectativas. No entanto, quando os nativos desse signo encontrarem alguém que considerem digno de seu amor, serão capazes de se entregar intensamente e nutrir a relação com lealdade e dedicação.

DINHEIRO – AO SE PERDER, ENCONTRAM-SE NOVOS CAMINHOS

Este ano pode ser desafiador para os capricornianos em relação à vida profissional e financeira. Será preciso usar a criatividade e a flexibilidade para manter os rendimentos, além de encontrar novas fontes de renda. É importante que os capricornianos estejam receptivos às oportunidades, buscando soluções inovadoras para os desafios que surgirem. Além disso, é fundamental priorizarem fontes de renda que os realizem por completo e estejam alinhadas com seus valores e objetivos de vida.

SAÚDE – DISPOSIÇÃO DE CRIANÇA
Os capricornianos exalarão energia, ânimo e saúde em 2024. Estarão mais confiantes e preparados para lidar com a rotina atribulada e, em muitos aspectos da vida, agirão de maneira autônoma. É importante que não se esqueçam dos cuidados básicos com a alimentação e o corpo, e também que não abandonem tratamentos, ainda que se sintam incrivelmente bem-dispostos.

AQUÁRIO

O ano de 2024 trará o impulso necessário para os nativos de Aquário tirarem suas criações do papel e realizarem seu propósito. Será um período extremamente criativo e fértil, e os aquarianos estarão prontos para aproveitá-lo da melhor forma possível.

AMOR – EXPERIMENTAR PARA SE CONHECER
Os aquarianos podem esperar um ano movimentado na área amorosa. Eles estarão mais afiados na arte da conquista e terão um grande número de possibilidades de relacionamento. Será vivenciado um período de liberdade, e o aquariano não terá pressa para escolher alguém e firmar um relacionamento sério. Estará, ao contrário, mais interessado em curtir o momento e ter diferentes experiências românticas, sem se prender a uma única pessoa.

DINHEIRO – ADMINISTRE O FUTURO
Este ano tende a ser um período tranquilo para as finanças dos aquarianos. Eles encontrarão um bom equilíbrio entre ganhos e gastos, permitindo que se concentrem em fazer planos no longo prazo e investimentos bancários. Esse pode ser um excelente momento para avaliarem suas finanças e planejarem suas metas nessa área para o futuro.

SAÚDE – DIRECIONE OS EXCESSOS DA MANEIRA CORRETA
O ano pode ser emocionalmente intenso para os nativos desse signo, trazendo inquietude e agitação em diferentes aspectos da vida. É importante que os aquarianos estejam preparados para lidar com

essas emoções, buscando extravasar a energia acumulada com atividades físicas intensas e relaxamento. A prática regular de exercícios físicos será uma forma eficaz de aliviar o estresse e a tensão emocional, permitindo que liberem a energia acumulada e se sintam mais equilibrados e centrados.

PEIXES

O ano de 2024 deve trazer mais assertividade e autoconfiança aos piscianos. Essa energia extra pode ser uma oportunidade para que corram atrás de seus objetivos e se realizem profissionalmente. Com a segurança em alta, os nativos desse signo se sentirão mais firmes para tomar decisões importantes e assumir riscos calculados na carreira.

AMOR – UMA ODE À LIBERDADE E À INDEPENDÊNCIA

O ano de 2024 será um período de autonomia e liberdade no âmbito amoroso para os nativos de Peixes. É possível que eles tenham mais clareza mental sobre o que desejam e empreguem sua energia para essa conquista. A independência emocional pode ser uma característica positiva, permitindo que se sintam completos, sem dependerem exclusivamente do outro para serem felizes e realizados.

DINHEIRO – CRESÇA COM RESPONSABILIDADE

O ano trará um período de crescimento financeiro para os nativos desse signo. Os piscianos podem contar com todas as ferramentas para multiplicar seus ganhos e ter sucesso em suas empreitadas. No entanto, será importante lembrar que a responsabilidade e a honestidade na maneira de ganhar dinheiro e empregá-lo são fundamentais para manter uma base financeira sólida e duradoura.

SAÚDE – PEQUENAS MUDANÇAS, GRANDES RESULTADOS

Este ano poderá trazer mudanças significativas para os piscianos em relação à rotina e ao autocuidado, permitindo que encontrem mais equilíbrio e satisfação na vida diária. Com uma postura mais estruturada e cuidadosa consigo mesmos, os nativos desse signo podem esperar uma melhora expressiva em sua saúde.

Previsões para 2024 segundo a Numerologia

A imprevisibilidade do destino e os acontecimentos seguem um ritmo próprio, que não podemos influenciar e a respeito do qual nada podemos decidir: parece que em determinado momento está tudo certo e consideramos os acontecimentos positivos, e de repente tudo parece dar errado e observamos as situações como negativas. Porém, se não perdermos a capacidade de sonhar e mantivermos o foco, teremos a oportunidade de melhorar as coisas. A Numerologia sempre esteve presente em nossa vida, desde nosso nascimento, sendo uma ciência que nos ajuda a melhorar os acontecimentos.

✳ **JANEIRO:** Nem sempre os resultados serão alcançados de maneira imediata; logo, a melhor opção é seguir sua intuição e voz interior. Mantenha-se firme em suas convicções e ande com retidão, que no tempo certo os projetos darão os frutos esperados.

✳ **FEVEREIRO:** Muito sucesso na vida profissional e na vida amorosa; procure se envolver em atividades artísticas e intelectuais neste mês. Mesmo que haja obstáculos, vá em frente, pois no devido tempo você será reconhecido por seu talento e profissionalismo. Respeite a opinião dos outros!

❋ **MARÇO:** Neste período, será prudente agir com cautela diante de qualquer novo projeto. Avalie bem todos os lados, os prós e os contras, e não se deixe levar por devaneios de riqueza fácil. Nem sempre os prognósticos mais favoráveis se tornam realidade. É momento para se agir com bastante prudência.

❋ **ABRIL:** Muita paciência neste mês! Evite apostar todas as suas fichas em um único propósito. Período de trabalho árduo e constante, para os frutos que virão em longo prazo. Conte com seu círculo de amizades e usufrua de todas as possibilidades. Período favorável para contar com a sorte, seja no amor, seja no âmbito profissional.

❋ **MAIO:** Tenha cautela com questões financeiras; evite ser esbanjador neste período. Convém economizar, mas, se a vida lhe trouxer a possibilidade de uma viagem de lazer ou mesmo a negócios, mergulhe de cabeça! Cuide bastante do seu lado emocional e tente evitar muita agitação.

❋ **JUNHO:** Neste período, você poderá contar com um golpe de sorte em relação a seus objetivos, resultando em compensação de origem financeira, embora não convenha contar exclusivamente com esse evento. Momentos agradáveis sempre sucedem os difíceis, portanto, trabalhe com afinco e se surpreenda.

❋ **JULHO:** A vida é sempre repleta de altos e baixos, por isso não perca a esperança se as coisas não estiverem dando certo neste período. Logo a tendência é uma melhora significativa nas finanças. Momento perfeito para iniciar um novo romance ou consolidar um antigo.

---

* **AGOSTO:** Período excelente para a autoestima. O reconhecimento virá se você mantiver a calma, a serenidade e a concentração. Continue pensando positivamente, mesmo diante de uma possível crise. No quesito relacionamento, prepare-se para uma mudança de *status*, e, se for comprometido, o relacionamento será um mar de rosas.

---

* **SETEMBRO:** Será preciso se concentrar no trabalho e não esmorecer diante de obstáculos e pressões. Período em que você não poderá contar com a sorte. Mantenha-se sempre positivo, procurando melhorar o autocontrole e trabalhando com afinco. Não se preocupe tanto, pois seus objetivos vão se concretizar.

---

* **OUTUBRO:** Flexibilidade será a tônica para este mês. Concentre-se em manter o equilíbrio em suas ações para que eventuais fracassos não interfiram nos seus planos. Mantenha a calma e conte com a inteligência para sanar os problemas. Evitar não significa concordar. Tenha calma, que tudo será resolvido a seu tempo.

---

* **NOVEMBRO:** Saiba investir o que ganhou, pois assim poderá fechar o ano com chave de ouro. Mês em que poderá contar com a sorte, havendo até a possibilidade de ser agraciado com alguma herança. Período excelente para resolver causas na justiça. Evite quaisquer tipos de excesso.

---

* **DEZEMBRO:** Sempre nutra a possibilidade de que o próximo ano será melhor do que este, pois é interessante finalizar o ano mantendo viva a esperança de um futuro melhor. Aproveite para passar bastante tempo com a família. Mantenha o foco no trabalho e se prepare para viver um período de abundância!

Fenômenos Naturais 2024

COMEÇO DAS ESTAÇÕES

	Estações	Data do início	Horário
	Outono	20/3	0h08
	Inverno	20/6	17h52
	Primavera	22/9	9h45
	Verão	21/12	6h22

ECLIPSES

Data	Hora	Astro	Tipo	Grau	Magnitude
25/03	4h01	Lua	Anular	5°7' de Libra	0.956
8/04	15h22	Sol	Total	19°24' de Áries	4'28"
17/09	23h36	Lua	Parcial	25°41' de Peixes	0.085
2/10	15h50	Sol	Anular	10°4' de Libra	7'25"

FASES DA LUA 2024

Janeiro

Dia	Fase	Horário	Grau
4	Minguante	0h32	13°15' de Libra
11	Nova	8h58	20°44' de Capricórnio
18	Crescente	0h54	27°32 de Áries
25	Cheia	14h55	5°15' de Leão

Fevereiro

Dia	Fase	Horário	Grau
2	Minguante	20h19	13°36' de Escorpião
9	Nova	20h00	20°41' de Aquário
16	Crescente	12h02	27°26' de Touro
24	Cheia	9h32	5°23' de Virgem

Março

Dia	Fase	Horário	Grau
3	Minguante	12h25	13°32' de Sagitário
10	Nova	6h02	20°17' de Peixes
17	Crescente	1h12	27°04' de Gêmeos
25	Cheia	4h01	5°07' de Libra

Abril

Dia	Fase	Horário	Grau
2	Minguante	0h16	12°52' de Capricórnio
8	Nova	15h22	19°24' de Áries
15	Crescente	16h14	26°18' de Câncer
23	Cheia	20h50	4°18' de Escorpião

Maio

Dia	Fase	Horário	Grau
1º	Minguante	8h28	11°35' de Aquário
8	Nova	0h23	18°02' de Touro
15	Crescente	8h49	25°08' de Leão
23	Cheia	10h54	2°55' de Sagitário
30	Minguante	14h14	9°46' de Peixes

Junho

Dia	Fase	Horário	Grau
6	Nova	9h39	16°18' de Gêmeos
14	Crescente	2h20	23°39' de Virgem
21	Cheia	22h09	1°7' de Capricórnio
28	Minguante	18h55	7°40' de Áries

Julho

Dia	Fase	Horário	Grau
5	Nova	19h59	14°23' de Câncer
13	Crescente	19h50	22°01' de Libra
21	Cheia	7h18	29°09' de Capricórnio
27	Minguante	23h53	5°32' de Touro

Agosto

Dia	Fase	Horário	Grau
4	Nova	8h14	12°34' de Leão
12	Crescente	12h20	20°24' de Escorpião
19	Cheia	15h27	27°15' de Aquário
26	Minguante	6h27	3°38' de Gêmeos

Setembro

Dia	Fase	Horário	Grau
2	Nova	22h57	11°04' de Virgem
11	Crescente	3h07	19°00' de Sagitário
17	Cheia	23h36	25°41' de Peixes
24	Minguante	15h51	2°12' de Câncer

Outubro

Dia	Fase	Horário	Grau
2	Nova	15h50	10°04' de Libra
10	Crescente	15h56	17°58' de Capricórnio
17	Cheia	8h28	24°35' de Áries
24	Minguante	5h04	1°24' de Leão

Novembro

Dia	Fase	Horário	Grau
1º	Nova	9h48	9°35' de Escorpião
9	Crescente	2h57	17°20' de Aquário
15	Cheia	18h30	24°01' de Touro
22	Minguante	22h29	1°15' de Virgem

Dezembro

Dia	Fase	Horário	Grau
1º	Nova	3h23	9°33' de Sagitário
8	Crescente	12h28	17°02' de Peixes
15	Cheia	6h03	23°53' de Gêmeos
22	Minguante	19h19	1°34' de Libra
30	Nova	19h28	9°44' de Capricórnio

Calendário Permanente (1901 – 2092)

Tabela A – Anos						
1901-2000				**2001-2092**		
	25	53	81		09	37	65
	26	54	82		10	38	66
	27	55	83		11	39	67
	28	56	84		12	40	68
01	29	57	85		13	41	69
02	30	58	86		14	42	70
03	31	59	87		15	43	71
04	32	60	88		16	44	72
05	33	61	89		17	45	73
06	34	62	90		18	46	74
07	35	63	91		19	47	75
08	36	64	92		20	48	76
09	37	65	93		21	49	77
10	38	66	94		22	50	78
11	39	67	95		23	51	79
12	40	68	96		24	52	80
13	41	69	97		25	53	81
14	42	70	98		26	54	82
15	43	71	99		27	55	83
16	44	72	00		28	56	84
17	45	73		01	29	57	85
18	46	74		02	30	58	86
19	47	75		03	31	59	87
20	48	76		04	32	60	88
21	49	77		05	33	61	89
22	50	78		06	34	62	90
23	51	79		07	35	63	91
24	52	80		08	36	64	92

Tabela B – Meses											
J	F	M	A	M	J	J	A	S	O	N	D
4	0	0	3	5	1	3	6	2	4	0	2
5	1	1	4	6	2	4	0	3	5	1	3
6	2	2	5	0	3	5	1	4	6	2	4
0	3	4	0	2	5	0	3	6	1	4	6
2	5	5	1	3	6	1	4	0	2	5	0
3	6	6	2	4	0	2	5	1	3	6	1
4	0	0	3	5	1	3	6	2	4	0	2
5	1	2	5	0	3	5	1	4	6	2	4
0	3	3	6	1	4	6	2	5	0	3	5
1	4	4	0	2	5	0	3	6	1	4	6
2	5	5	1	3	6	1	4	0	2	5	0
3	6	0	3	5	1	3	6	2	4	0	2
5	1	1	4	6	2	4	0	3	5	1	3
6	2	2	5	0	3	5	1	4	6	2	4
0	3	3	6	1	4	6	2	5	0	3	5
1	4	5	1	3	6	1	4	0	2	5	0
3	6	6	2	4	0	2	5	1	3	6	1
4	0	0	3	5	1	3	6	2	4	0	2
5	1	1	4	6	2	4	0	3	5	1	3
6	2	3	6	1	4	6	2	5	0	3	5
1	4	4	0	2	5	0	3	6	1	4	6
2	5	5	1	3	6	1	4	0	2	5	0
3	6	6	2	4	0	2	5	1	3	6	1
4	0	1	4	6	2	4	0	3	5	1	3
6	2	2	5	0	3	5	1	4	6	2	4
0	3	3	6	1	4	6	2	5	0	3	5
1	4	4	0	2	5	0	3	6	1	4	6
2	5	6	2	4	0	2	5	1	3	6	1

Tabela C – Dias da Semana					
D	1	8	15	22	29	36
S	2	9	16	23	30	37
T	3	10	17	24	31	
Q	4	11	18	25	32	
Q	5	12	19	26	33	
S	6	13	20	27	34	
S	7	14	21	28	35	

Exemplo

É muito simples usar o calendário permanente. Vamos tomar como exemplo o dia 1º de janeiro do ano de 2024, para saber em que dia da semana começará a segunda década do século XXI.

Procure na Tabela A os últimos dois dígitos do ano 2024 (neste caso, 24) e siga essa mesma linha à direita, parando no mês de janeiro na Tabela B. (Os meses nessa tabela são indicados apenas pela primeira letra.) Ao número encontrado (neste caso, 1), adicione o número do dia em questão (1) e terá o resultado 2. Verifique na Tabela C (ao lado) em que dia da semana cai o número 2. É uma segunda (indicado, na Tabela C, pela letra S).